ernesto che guevara

compilado por maría del carmen ariet garcía

vidas rebeldes

ocean
sur

una editorial latinoamericana

Centro de Estudios
CHE GUEVARA

ISBN: 978-1-921438-02-8
Library of Congress Control Number: 2009937209

Primera edición 2010
Impreso en México por Worldcolor Querétaro, S.A. de C.V.

PUBLICADO POR OCEAN SUR

OCEAN SUR ES UN PROYECTO DE OCEAN PRESS

México: Juan de la Barrera N. 9, Col. Condesa, Del. Cuauhtémoc, CP 06140, México, D.F.
               E-mail: mexico@oceansur.com • Tel: (52) 5553 5512
EE.UU.:   E-mail: info@oceansur.com
Cuba: E-mail: lahabana@oceansur.com
El Salvador: E-mail: elsalvador@oceansur.com
Venezuela: E-mail: venezuela@oceansur.com

DISTRIBUIDORES DE OCEAN SUR

Argentina: Cartago Ediciones, S.A. • Tel: 011 4304 8961 • E-mail: info@cartago-ediciones.com.ar
Australia: Ocean Press • Tel: (03) 9326 4280 • E-mail: info@oceanbooks.com.au
Bolivia: Ocean Sur Bolivia • E-mail: bolivia@oceansur.com
Chile: Editorial La Vida es Hoy • Tel: 2221612 • E-mail: lavidaeshoy.chile@gmail.com
Colombia: Ediciones Izquierda Viva • Tel/Fax: 2855586 • E-mail: ediciones@izquierdaviva.com
Cuba: Ocean Sur • E-mail: lahabana@oceansur.com
Ecuador: Libri Mundi, S.A. • Tel: 593-2 224 2696 • E-mail: ext_comercio@librimundi.com
EE.UU. y Canadá: CBSD • Tel: 1-800-283-3572 • www.cbsd.com
El Salvador y Centroamérica: Editorial Morazán • E-mail: editorialmorazan@hotmail.com
Gran Bretaña y Europa: Turnaround Publisher Services • E-mail: orders@turnaround-uk.com
México: Ocean Sur • Tel: 5553 5512 • E-mail: mexico@oceansur.com
Perú: Ocean Sur Perú • Tel: 330 7122 • E-mail: oceansurperu@gmail.com
Puerto Rico: Libros El Navegante • Tel: 7873427468 • E-mail: libnavegante@yahoo.com
Venezuela: Ocean Sur • E-mail: venezuela@oceansur.com

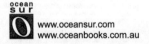

ocean
sur

www.oceansur.com
www.oceanbooks.com.au

Índice

Cuarta parte: *del internacionalismo*

Quinta parte: *de los sueños*

PROYECTO EDITORIAL CHE GUEVARA

Estos libros forman parte de una serie que las editoriales Ocean Press, Ocean Sur y el Centro de Estudios Che Guevara publican con el objetivo de dar a conocer el pensamiento y la obra del Che.

Che desde la memoria
Los dejo ahora conmigo mismo: el que fui

Notas de viaje
Diario en motocicleta

Otra Vez

Marx y Engels
Una síntesis biográfica

Pasajes de la guerra revolucionaria
Edición autorizada

Pasajes de la guerra revolucionaria: Congo

El diario del Che en Bolivia
Edición autorizada

La guerra de guerrillas
Edición autorizada

Justicia global
Liberación y socialismo

Che Guevara presente
Una antología mínima

América Latina
Despertar de un continente

Punta del Este
Proyecto alternativo de desarrollo para América Latina

El gran debate
Sobre la economía en Cuba 1963–1964

El socialismo y el hombre en Cuba
Edición clásica

Apuntes críticos a la economía política

Retos de la transición socialista en Cuba (1961-1965)

Introducción
Che Guevara: el condotieri del siglo XX

Para los adolescentes y jóvenes del mundo que han encontrado en la «vida rebelde del Che» un símbolo de inconformismo, explica, en parte, el por qué juntos marchan en múltiples manifestaciones de lucha contra los poderes hegemónicos. Pudieran ser razones suficientes para que cada vez sea más importante meditar sobre cuál es el verdadero alcance de esa rebeldía, cómo se percibe y de qué forma se refleja el sentido de la misma, sobre todo porque es desde esa mirada que ha llegado a convertirse en una representación compartida por muchos y que identifica a generaciones —sin que medie el tiempo transcurrido—, como criterio de su personalidad y por haberse asumido, también, como icono de los años 60 y como aglutinador de movimientos revolucionarios y sociales.

De ahí, que resulte imprescindible formularse algunas interrogantes sobre el por qué y el para qué de esa «rebeldía», con el propósito de compartir entre todos el conocimiento de su real significado, corroborar la coherencia que se siente cuando hurgamos en su yo interior y en la consistencia que demuestran sus primeros brotes de inconformidad hacia el entorno en su primera juventud, que se expresa por medio de una rebeldía individual y trasgresora, como especie de una armazón construida desde el desconcierto y la insatisfacción, y cómo por esas mismas razones va tomado cuerpo una rebeldía más escrutadora de lo social, hasta convertirse no solo en pautas de su actuar, sino en esencias intrínsecas de su compromiso posterior con la humanidad.

Qué cúmulo de fuerzas y razones llegó a atesorar, cuando en carta íntima a su esposa Aleida, después de la contienda del Congo en 1965 y sus primeras sendas en Bolivia, le confiara que «si llego a destino cuando lo sepan, harán todo por ahogar la cosa en germen…».[1]

Sin dudas, nadie más preparado que él para aquilatar en ese ciclo tan vital y definitorio de su existencia, la dimensión de sus afanes y cuánto el esfuerzo realizado para reafirmar convicciones y decisiones puestas a prueba en años en que, sin extenderse mucho en el tiempo, fueron suficientes para estremecer conciencias.

Ese halo que emana de su coraje y ejemplo, para algunos místico y simbólico, cautivante para muchos jóvenes soñadores y románticos, es lo que les llega del Che en forma espontánea, sin necesidad de recurrir a grandes análisis conceptuales y teóricos, con la virtud de la pureza y la ingenuidad propia de quienes lo enarbolan. Sin embargo, a la par de la bondad que se desprende de esas creencias, se hace necesario discurrir en torno a los modos y maneras de obrar que desde su adolescencia guiaron sus pasos y que caracterizaron, por su consistencia y cohesión, un quehacer teórico creador y multifacético, pilares imprescindibles para cualquiera que desde su juventud se sienta imbuido de su ideal y de su constancia, sin banalidades ni falsas alegorías.

Para los jóvenes, en primera instancia, está pensada la selección que se pone en sus manos y que les permitirá un acercamiento más integral y cercano desde su palabra misma, siguiendo las etapas más significativas de su vida, las que al final conducen a demostrar cómo en realidad actuó y pensó a lo largo de su existencia, y contenida en sus propias autovaloraciones, como se advierte en la carta citada con anterioridad: «Me he acostumbrado tanto a leer y estudiar que

---

[1]   Aleida March de la Torre: *Evocación*, Editorial Casa, La Habana, 2008, p. 159.

es una segunda naturaleza y hace más grande el contraste con mi aventurerismo.»[2]

Cuánto de verdad encierra la palabra «aventura», tan utilizada desde siempre por el Che y tan manipulada por sus detractores y destacada como un componente peyorativo, cuando de manera irrevocable la empleó para definir y definirse a sí mismo en circunstancias trascendentes de su vida: «Muchos me dirán aventurero, y lo soy, solo que de un tipo diferente y de los que ponen el pellejo para demostrar sus verdades.»[3]

Desde la rebeldía y la aventura guevarianas, devueltas en páginas de vida y obra, escritas en etapas ineludibles, se puede atravesar, primero con Ernesto, después con el Che convertido en uno y el mismo, etapas decisivas de su desarrollo intelectual y revolucionario y que marcan las pautas de las reveladoras páginas que legara para todos los tiempos.

De la juventud: «...una voluntad pulida con delectación de artista»

Desde el propio 14 de junio de 1928, fecha de su nacimiento en la ciudad de Rosario, Argentina, su país natal, la impaciencia fue el signo que lo caracterizaría. De un alumbramiento a realizarse en Buenos Aires como era el deseo de sus padres, el primogénito del matrimonio Guevara y de la Serna, como premonición de un futuro en ciernes, llega para cambiar los planes idealizados.

Esa señal y a la vez significado, más allá de dudas mal intencionadas y manipuladas en torno a la fecha de su natalicio, será una constante en la familia, porque a la impaciencia del niño se le suma más tarde el asma como compañera inseparable a lo largo de toda su

---

[2] Ibídem.
[3] Ernesto Che Guevara: *Che Guevara presente*, Editorial Ocean Press, Australia, 2005, p. 403.

existencia, la que con el mismo ímpetu que naciera, así de modo férreo y agresivo, convivió, para insuflarle no el aire que tanto necesitaban sus pulmones, sino una voluntad y tesón que marcan el camino de sus «conscientes aventuras».

Como una casa nómada, en busca de aire puro para el niño y en constante bregar, peregrina la familia hasta asentarse en Alta Gracia, lugar de esparcimiento y especie de sanatorio natural de la provincia de Córdoba. Sin sospecharlo siquiera, la benevolencia del entorno se conjuró para ofrecerles una larga estadía, primero en Alta Gracia, para seguirle después la capital de provincia, ambos lugares influyentes y forjadores de la personalidad y determinación del joven Ernesto.

La imaginación resulta en extremo fértil para cualquiera que visite esos parajes e intente visualizar las ansias de búsquedas, aventuras y las primeras rebeldías del niño, del adolescente y del joven. Sin embargo, las intenciones que se desean trasmitir se mezclan todas ellas devueltas en páginas escritas, en su casi totalidad sin pretensiones mayores por parte de quien las escribe, pero que denotan un espíritu inquisitivo, tanto en el plano intelectual como en el práctico y que van proporcionando pautas para interpretar y a la vez comprender, con mayor objetividad y precisión, sus posteriores pasos.

Sus cuadernos de época hablan por sí solos de la vasta cultura que llegó a acumular desde su adolescencia, sobre todo por la amplitud de sus lecturas y disímiles materias, colocándose en una posición ventajosa respecto al resto de sus condiscípulos. Es este un aspecto interesante, quizás por lo espontáneo y casi natural, pero que sin dudas va marcando patrones distintivos y constantes de toda su trayectoria intelectual, y que afloran en esa época.

La prioridad o un orden preestablecido en esa etapa formativa, tan importante para su futuro, se hace en extremo muy difícil de delinear como muy específico —quizás sí, como asombroso—, porque posee la cualidad de permanecer inalterable en su adultez, al formar una simbiosis que denotan los signos y ejes imprescindibles para comprender y penetrar no solo en sus ansias de conocimiento, sino por encima de todo en la traducción y desempeño que cobran en su travesía como revolucionario, los que sobresalen como parte de sus cualidades más singulares: coherencia, creatividad teórica y valentía para enfrentar y defender sus creencias y actuaciones.

De la literatura universal e hispanoamericana al estudio de la filosofía toda —heterodoxa y ecléctica como así mismo la juzgara—, surge la necesidad imperiosa de pasar a vivencias directas por medio de viajes que en esos tiempos los consideraba como de aproximación a su entorno.

Si sobresalientes resultan sus esfuerzos por hacerse de una cultura amplia e ilustrativa y que contribuyera a ampliar sus horizontes más allá de simples deducciones y placeres, la dimensión privilegiada que ocupan sus recorridos por el interior de Argentina y más tarde por América Latina, otra vez conducen, tal fue su decisión, al «aventurero y al rebelde, solo que de otro tipo».

Abundantes han sido las páginas escritas sobre el comportamiento de su primera juventud, las unas resaltando sus cualidades y las menos con posiciones equívocas. De todas, existe una verdad no imputable y es la referida al largo tiempo que permanecieron parte de los documentos a los que se ha hecho referencia sin publicarse, y a otros que aun faltan por editarse.

La convicción que brota de esas páginas, como parte de una memoria viva, acercan al lector a las claves y pilares del esqueleto que con posterioridad conformara su armadura toda y donde se advierten los signos en los que se asientan su incurable rebeldía y su incesante indagación para encontrar sus verdades, devueltas en lucha contra la injusticia, la entrega por el bien del hombre y por alcanzar una América unida, en su ya afianzado latinoamericanismo.

Después de aquilatar el potencial inmenso y subyugante que encierra su «mayúscula América», sus enormes contradicciones y sus posibles cambios, se impuso consecuentemente construirse una «aventura mayor» por medio de las armas con las que se había medido y puesto a prueba: el estudio profundo y la práctica revolucionaria. El primero, a través de la filosofía, pero esta vez con un nombre definitivo, el marxismo, como el instrumento sustancial para encontrar verdades ocultas y posibles soluciones; el segundo, el camino a la revolución, sustentado por el primero, pero a la vez preñado de incertidumbres y de grandes batallas por librar que le sacarían los demonios de la rebeldía emergiendo como su razón de ser: «...América será el teatro de mis aventuras con carácter mucho más importante que lo que hubiera creído; realmente creo haber llegado a comprenderla y me siento americano con un carácter distintivo de cualquier otro pueblo de la tierra».[4]

Desde lo inmenso de su yo más profundo se sellaba la partida: su entrega a la humanidad, al rescate pleno del hombre y a la lucha para conquistar el porvenir de nuestra América.

De la lucha: «...sentir en lo más hondo cualquier injusticia»

La relevancia que distingue el tránsito de la formación intelectual y política del joven Ernesto a una plena maduración transcurre en apenas 15 años, derivada de una permanente acumulación de experiencias políticas, muchas de las cuales lo condujeron a reflexiones que lo guiarían por entero a la lucha política.

El «vagar sin rumbo» como calificara el inicio de su primer viaje por el continente en 1951, medio *linyera*[5] y envuelto en aventuras sorprendentes, lo tomaron de improviso cuando se vio rodeado de una mar de confusiones y en la necesidad obligada de mirar, no como un simple viajero que de pronto se percata que el mundo al que debía pertenecer le resulta desconocido y desconcertante por los muchos problemas que encontraba a su paso, sino sobre todo porque esos problemas, a simple vista, no obedecían a caprichos o desidias de sus pobladores.

Ese primer impacto, entre hechos y circunstancias, se manifiesta con singular particularidad en la apropiación que asumió del pensamiento filosófico, y en particular de la asunción paulatina que

---

[4]   Ernesto Che Guevara: *Che desde la memoria*, Editorial Ocean Sur, Australia, 2004, p. 97.

[5]   Argentinismo que significa vago.

experimenta con el marxismo como teoría certera para desentrañar «los males de América». De manera espontánea se enlazan la teoría y la práctica y advierte que ambas lo impelen al vértice de un camino que hasta esos momentos no había asumido con total conciencia, pero que desde ya actuarían y se comportarían como imprescindibles en cualquier acción y circunstancia en que le tocara desenvolverse. Esa unidad entre pensamiento y acción conforman el centro de su obra y modelan el espíritu de compromiso que adquiere en la lucha política a lo largo de su trayecto revolucionario. Es la filosofía de la praxis que, al igual que Marx, abogaba por una plena acción humana capaz de revolucionar la existencia y transformar las conciencias, aun cuando no hubiera experimentado la extensión de esas concepciones.

Aunque sus ímpetus eran inmensos en esos años de revolucionario incipiente, su peculiar forma de asimilar y a la vez de asumir los cambios que pensaba debían sucederse, contribuyeron a acelerar el proceso y a catapultarlo a la búsqueda de experiencias concretas. Ya para ese entonces la «aventura» de convertirse en un «verdadero revolucionario» como confesara en carta a su familia en el trayecto de su segundo viaje por Latinoamérica en 1953, poseía el sesgo de la enseñanza recibida en sus recorridos por el continente, y más importante aun, las vivencias de los procesos revolucionarios más radicales e influyentes que habían tenido lugar en el continente en esos años: la revolución boliviana y la revolución guatemalteca.

Ambos procesos, desde sus imprecisiones el primero y desde sus cualidades valuadas por el propio Ernesto, el segundo, le ofrecieron una visión conjugada de cómo debía procederse si en verdad se estaba dispuesto a transformar esas estructuras caducas y expoliadoras que había constatado en sus recorridos y que abarcaban a la totalidad de la sociedad. A todo ello, se le suma la frustración que soporta al ver abatida lo que consideraba lo más auténtico de un proceso revolucionario, como fue el caso de Guatemala, país agredido e invadido por los poderes omnímodos de adentro y de afuera. Pudo directamente percibir la conjura de los poderosos y los métodos bárbaros dispuestos para hacer abortar cualquier expresión de cambio, aunque fuera lo más ínfimo.

La huella que deja en Ernesto, sumido en el tránsito de lo que serían con posterioridad sus posturas más radicales, la lucha revolucionaria, necesitó de un proceso en el que de nuevo afloran sus signos rectores, el escudriñar en el marxismo el papel asignado al sujeto como un ente activo capaz de actuar y luchar en aras de alcanzar algo mejor, pero esta vez acompañado de vivencias precisas y muy directas que le esclarecían el futuro de sus pasos.

Es en México, donde la casualidad histórica lo conduce al advenimiento de un proceso revolucionario y al contacto directo con su líder. Esa casualidad cobra forma, primero con la empatía que desde el principio surgió entre Fidel Castro y Ernesto, quien para siempre se convertiría en Che, seguido de la posibilidad real de participar en la lucha de liberación que el pueblo de Cuba se aprestaba a realizar para librarse de las garras de un tirano más.

En la preparación y en su posterior desempeño como guerrillero se conjuraba de nuevo la rebeldía con la «aventura», solo que esta vez de forma corpórea se manifiesta en su dimensión exacta, cuando al responderle, ya en plena Sierra Maestra en 1957, a su compatriota Ricardo Masetti: «Estoy aquí, sencillamente, porque considero que la única forma de liberar a América de dictadores es derribándolos. Ayudando a su caída de cualquier forma. Y cuanto más directo mejor».[6]

La lucha emprendida dentro de la Revolución Cubana lo hacen un combatiente ejemplar, puesto a prueba en tácticas y estrategias diseñadas para disímiles acciones, pero lo más relevante es la posibilidad que se le presentó en la práctica de discernir entre el valor real de la lucha en aras de acabar definitivamente con cualquier injusticia cometida y en aquilatar el futuro de sus acciones: «...tenía que llegar a una serie de conclusiones que se daban de patadas con mi trayectoria esencialmente aventurera; decidí cumplir primero las funciones principales, arremeter contra el orden de cosas, con la adarga al brazo...»[7]

---

[6]   Ernesto Che Guevara: *Che Guevara presente*, ed. cit. en nota 3, p. 123.

[7]   Ibídem, p. 110.

De la Revolució
socialista: «Nuestr

La posibilidad de acercarse a
de lo que le aporta a la Revol
aporta, resulta en extremo dif
verdad histórica irrebatible, es
un peldaño superior en su traye

Qué significado real tuvo par
comprometida con la Cuba revol
dida a sus padres y al propio Fid ....uía misma
de su conducta y entrega: nada han cambiado sus esencias, salvo que
era más consciente y su marxismo más enraizado y depurado, y por
otra parte, la satisfacción de haber vivido días magníficos y el orgullo
de pertenecer al pueblo cubano en momentos cruciales de su historia.

Esas razones pudieran ser simples y de hecho lo son, porque
hablan de entrega y de orgullo y pasan por la subjetividad de las
vivencias, pero cuánto de contenido encierran, sería la ruta a tener
en cuenta para comprender la satisfacción de la entrega por medio
del ejemplo, la creatividad de su pensamiento para hacer avanzar un
proceso que sentía como suyo y su espíritu de compromiso en la mul-
tiplicidad de tareas y funciones que desempeñó. En todas resaltan la
coherencia del revolucionario que vislumbra la necesidad insoslayable
de avanzar con pasos propios sin mecanicismos ni idealismos volun-
taristas, por medio de las armas que sabía infalibles si se empleaban
correctamente.

Un elemento primordial en ese inmenso quehacer y que muchas
veces no se mide con la intensidad que debiera, es el breve período
en que transita el legado que dejara en su afán por construir el socialismo en Cuba. A penas bastaron seis años, de 1959 a 1965, para que
brotara el caudal teórico-práctico acumulado en su etapa formativa y
su progresiva madurez, empeño que muchas veces se minimiza más
por desconocimiento que por certeza, pero que no se debe ni puede
ser excluido, porque en ello radica el sustrato que posibilitó un avance

10 ernesto che guevara vidas reb
superior, compelido por la
en barrer con su pasa
Cómo adentra
debe asumir s
sideran qu
además
mo

construcción de todo un pueblo empeñado
do.

se en su pensamiento y acción y de qué modo se
contenido por todos los que, de una forma u otra, con-
su presencia en las luchas actuales y las por venir resulta
de necesaria, imprescindible, es un cuestionamiento que esta-
obligados a analizar. En ese camino deben tenerse en cuenta las
prioridades que en un contexto determinado asumió, y extraer, además, las enseñanzas que se derivan de su experiencia política.

En el plano teórico, el marxismo se presenta en su obra como una
continuidad dialéctica ascendente desde sus primeras búsquedas
indagatorias hasta la culminación de apuntes, notas y reflexiones de
enorme valor creativo. Comprendió en su tiempo histórico las esencias
verdaderas del marxismo, sobre todo su esencia humanista presente
desde sus primeros escritos de juventud. Al hombre medida de todas
las cosas, observación admitida en sus apuntes primarios, le continúan
la asunción de las tesis marxistas acerca del sujeto como ente activo y
en su lucha por un mundo más justo. Ese hombre sujeto de la historia
percibido por el Che como uno de los aportes esenciales del pensamiento filosófico de Marx, forma parte de sus tesis esenciales y un
principio renovador dentro de la Revolución cubana, en contraste con
las posiciones que se habían asumido en el socialismo existente, al
entender al hombre por primera vez como centro de un proyecto social
inmerso en una actividad concreta, mediante la cual puede alcanzar
sus potencialidades como creador de nuevas formas y necesidades.

Como culminación de ese empeño queda el imprescindible
ensayo *El socialismo y el hombre en Cuba*, escrito en 1965, colofón
de su quehacer teórico como constructor de una nueva sociedad y
en el que conmina y provoca a penetrar en uno de los problemas
más complejos a debatir en los cambios que se deben asumir en los
nuevos tiempos por el hombre que emerja de esa lucha ideológica
entre el pasado que se aferra en no desaparecer y el presente que
se construye, consciente de su papel, alejado de la marginación que
fórmulas erradas impusieron en el mal llamado «socialismo real» y

construyéndose una cultura propia, erigida en términos gramscianos como hegemónica y expresión de soluciones colectivas.

En la década de los 60, para muchos una época de revolución, el marxismo filosófico y los procesos revolucionarios alcanzaron en el debate político de su tiempo una máxima expresión, por lo polémico, contradictorio e incisivo, entre fuerzas opuestas que batallaban, las unas por alcanzar su independencia, las otras por mantener sus poderes omnímodos.

En ese contexto, por primera vez en el mundo occidental, surge y se desarrolla la Revolución cubana y su decisión de avanzar en el camino a la transición socialista. Para el Che ese proceso devino el resultado lógico de un mundo que pugnaba por renacer de un pasado de opresión y miseria y donde la palabra revolución era parte inseparable de los cambios estructurales que debían producirse, llevados de la mano por el marxismo, que en el Che se convierte en la expresión conceptual del marxismo tercermundista, como parte consustancial de las grandes masas desposeídas.

El paradigma era la Revolución cubana, con su cuota de ensayo y error, su experimentación, negándose a encerrarse en verdades absolutas y donde el cambio tenía que ser total y abarcador, con el objetivo de realizar una auténtica revolución socialista, sustentada en una filosofía y moral propias, capaz de transformar al hombre con su actuar creador y su plena emancipación.

La lectura de las páginas seleccionadas de esta etapa, proporcionan la concepción plena que llegó a tener el Che de lo que debía ser una genuina revolución emanada del cambio y de una concepción estratégica integral, sobre todo desde el subdesarrollo mismo, y cómo alcanzarla a través de prácticas políticas renovadoras y alejadas de dogmas y axiomas mecanicistas, con una fuerte compulsión moral y educativa para demostrar cuánto se logra desde un poder sustentado por un proyecto alternativo de justicia y de dignidad. Se puede entender, además, con meridiana claridad, la verdadera correspondencia entre el trabajo práctico y las capacidades teóricas que surgen desde las experiencias cotidianas como armas empleadas en su concepción de la transición socialista. Todavía resuena su intencionada interrogación: «¿Por qué pensar que lo que "es" en el período de transición, necesariamente "debe ser"?».[8]

Esa forma que tuvo de mirar el mundo y su verdadera transformación son las esencias que no solo forman parte de la memoria histórica, sino que deben formar parte del debate actual de las nuevas y viejas generaciones en su enorme reto: «Nuestro sacrificio es consciente; cuota para pagar la libertad que construimos».[9]

Del internacionalismo: «Mis sueños no tendrán fronteras»

Por encima del conmovedor impacto que el mundo todo sintiera con la lectura que hiciera Fidel, en octubre de 1965, de la carta de despedida del Che, excepto sus enemigos de siempre, el resto de la humanidad, entiéndase lo más avanzado y honesto, comprendió en su real significado esa entrega sin límites de un hombre que, en intimidad compartida con su esposa después de su partida definitiva, llegara a confesarse que: «Lo que llevo por dentro no es ninguna despreocupada sed de aventura y lo que conlleva, yo lo sé...»[10]

Es el punto culminante de su perenne «aventura», solo que esta vez su juicio y alcance sopesan la envergadura de lo por venir y se despoja de la ironía en que muchas veces envolvía sus reales sentimientos y conductas.

De aquel no tan lejano diciembre de 1956, en que se lanza a «conquistar el porvenir» para contribuir a hacer realidad los sueños de un pueblo que clamaba por la libertad, hasta 1965, momento en que toma la decisión de marchar para alcanzar su escalón más alto, la lucha internacionalista, cuántas fueron las batallas libradas consigo

---

[8] Ernesto Che Guevara: *Retos de la transición socialista en Cuba (1961-1965)*, Ocean Sur, La Habana, 2008, p. XIV.

[9] Ernesto Che Guevara: *Che Guevara presente,* ed. cit. en nota 3, p. 239.

[10] Aleida March de la Torre: *Evocación*, ed. cit. en nota 1, p. 157.

mismo y cuánto el esfuerzo y las decisiones asumidas con plena convicción, que lo impelen a una decisión en extremo difícil en lo personal, pero plena de certidumbres y entrega.

Desde el mismo triunfo de la Revolución cubana, en enero de 1959, se le ve inmerso en el quehacer de una obra mayor, la liberación de los pueblos, apoyado en el inmenso caudal que la propia obra de la revolución le suministraba. Fueron años de intensa labor, apoyando, estudiando y, sobre todo, comprometiéndose con la justeza de esas luchas.

Un antecedente primordial, muchas veces pasado por alto, lo constituyen sus acciones en la política exterior de la Revolución desde su primer viaje, en junio de 1959, por algunos de los países que conformaban el Pacto de Bandung, antecedente del Movimiento de los no Alineados, hasta su última presentación oficial en febrero de 1965, en Argelia.

Desde el primer recorrido se experimenta la búsqueda y el compromiso con países y continentes desconocidos, pero con iguales añoranzas y ansias de libertad. El colonialismo y el neocolonialismo se le presentan al Che en su real contorno y similitud, desde lo negativo de los perennes poderes omnímodos hasta los esfuerzos de lucha por obtener una plena independencia.

Inmerso en esas funciones y en su empeño directo por construir el socialismo en Cuba, aflora un pensamiento y acción que lo llevan al análisis del papel del imperialismo, de la correlación de fuerzas existentes a nivel nacional e internacional, y por encima de todo, a pensar en el socialismo como parte de un nuevo orden mundial como consecuencia de la nefasta política imperial, a partir de extender la revolución a escala internacional.

Ese pensamiento centra la atención en las luchas que deben librar los países del Tercer Mundo, basado en posiciones tácticas, en el análisis general que hiciera del capitalismo y en las críticas a las políticas asumidas por los países socialistas, señalamientos que alcanzaron su clímax en el discurso pronunciado en Argelia en 1965, cuando argumentara que: «No puede existir socialismo si en las conciencias no se opera un cambio que provoque una nueva actitud fraternal frente a la humanidad, tanto de índole individual, en la sociedad en la que se construye o está construido el socialismo, como de índole mundial en relación a todos los pueblos que sufren la opresión imperialista.»[11]

El salto definitivo estaba dado, no importaban los contratiempos, las incomprensiones y los obligados y exigidos exorcismos ante tamaña herejía, esta vez «la aventura y la rebeldía» habían pasado por pruebas irrefutables y los anhelos y las ansias juveniles se corporizaban en un pensamiento renovador y crítico —una de sus mayores cualidades—, para transformar el subdesarrollo, los que constituyen hitos que han guiado a generaciones a compartir como suyas su sentido de la rebelión a escala global contra toda dominación y la propuesta de alcanzar la plena liberación de la humanidad nacida desde la revolución misma.

Por más que los poderes supremos lo ataquen, el Che permanecerá no solo en la memoria histórica, sino que estará siempre vivo en todos los cambios que deben producirse, movilizando conciencias para el advenimiento de futuras sociedades socialistas, renovando las propuestas de cambio y planteándose las dimensiones que deben vencerse para derrotar al capitalismo.

Desde esa perspectiva actual, cobra auténtica fuerza la figura del Che luchando por cambiar el mundo e incitándonos al diálogo crítico y creador, a los nuevos desafíos y nuevas metas, como base y fuerza espiritual de los movimientos sociales y a compartir sus últimos sueños, devueltos en verso: «Los Todos me exigen la entrega total.../ Salgo a edificar las primaveras de sangre y argamasa...»[12]

Con esa sangre y argamasa, definitivamente «la aventura y la rebeldía» cobran vida en las imágenes emblemáticas que tanto gustan de enarbolar los soñadores de todos los tiempos.

Dra. Ma. del Carmen Ariet García
Centro de Estudios Che Guevara

---

[11]   Ernesto Che Guevara: *Che Guevara presente*, ed. cit. en nota 3, p. 357.
[12]   Aleida March de la Torre: *Evocación*, ed. cit. en nota 1, p. 184.

Cronología

1928

El 14 de junio nace Ernesto Guevara de la Serna en Rosario, Argentina, primogénito del matrimonio Ernesto Guevara Lynch y Celia de la Serna. Con posterioridad nacen sus hermanos Celia, Roberto, Ana María y Juan Martín.

1933

La familia se traslada a Alta Gracia, en la provincia de Córdoba, a consecuencia de los violentos ataques de asma que se le presentan a Ernesto a los dos años de edad. Cursa la enseñanza primaria en la escuela San Martín de la localidad.

1942

Matricula en el Liceo Dean Funes, de la ciudad de Córdoba, donde cursa sus estudios secundarios. Viaja 35 kilómetros en tren todos los días.

1943

Se desplaza toda la familia a Córdoba. Ernesto, desde sus viajes en tren, intima con la familia Granado, especialmente con Tomás y Alberto. Con este último haría su primer recorrido por el continente. Es un período de lecturas múltiples, con predilección de la literatura, la filosofía y la práctica de deportes.

1945

Comienza a redactar un incipiente Diccionario Filosófico (inédito), hasta completar seis cuadernos y culminar una versión ampliada en México, entre 1954 y 1956.

1946

Concluye sus estudios de segunda enseñaza, además de pasar un curso de laboratorista de suelo. Trabaja en la Dirección de Vialidad junto a su amigo Tomás Granado.

1947

Regreso de la familia a Buenos Aires. Ingresa en la Facultad de Medicina de la Universidad de Buenos Aires a los 19 años. Con posterioridad, colabora en la Clínica del Dr. Pisani, eminente alergólogo argentino.

1950

Viaja en solitario por doce provincias del norte argentino, en motobicicleta. Comienza su noviazgo con María del Carmen Ferreira, Chichina, una joven cordobesa.

1951

Viaja como enfermero en un recorrido que lo lleva hasta Sao Pablo en Brasil, Venezuela y Trinidad, en el Caribe. En Buenos Aires funda la revista *Tackle* en colaboración con sus compañeros del equipo de rugby y escribe artículos con el seudónimo de Chang-Cho. En diciembre de ese año realiza su primer recorrido por América Latina con su amigo Alberto Granado, en una motocicleta Northon a la que nombraron «La Poderosa». Comienza a redactar un diario de viaje que reelaborará en forma de crónicas, las que serán publicadas por primera vez en 1993, con el título de *Notas de viaje*.

1952

Hasta junio de 1952 se extiende su viaje por el continente que lo llevaría a Chile, Perú, Colombia y Venezuela, hasta una incierta estadía de un mes en Miami, en un avión de carga de caballos como única opción para regresar a su país.

1953

Culmina sus estudios de Medicina. El 7 de julio inicia su segundo y definitivo recorrido por América Latina, esta vez por tren, en compañía de su amigo de la infancia Carlos Ferrer, Calica. Recorren Bolivia, Perú, Ecuador —donde se interrumpe el plan acordado para reencontrarse con Granado en Venezuela—, y pasar a Centroamérica, ahora en compañía de Eduardo «Gualo» García: Panamá, Costa Rica, Nicaragua, El Salvador y finalmente Guatemala, con el objetivo expreso de conocer el proceso revolucionario que se estaba llevando a cabo en dicho país, bajo el gobierno de Jacobo Árbenz. Desde los inicios del viaje, al igual que en el primero, recoge sus experiencias en un diario que titularía *Otra vez* y que fuera publicado por primera vez en el 2002.

1954

Conoce a un grupo de exiliados cubanos, asaltantes del cuartel Moncada, en particular a Ñico López, con el que traba amistad. Se vincula con parte de la intelectualidad latinoamericana, residente en el país, profundiza en sus estudios de Filosofía, en particular el marxismo. Conoce a Hilda Gadea, exiliada peruana, quien se convertiría, posteriormente, en su primera esposa.

Fuerzas mercenarias apoyadas por la CIA invaden Guatemala, provocando la dimisión de Árbenz el 27 de junio. En septiembre de ese mismo año, Ernesto decide viajar a México, desenvolviéndose en sus inicios como fotógrafo callejero y después como médico, entre otros.

1955

Se encuentra nuevamente con Ñico López, quien días después le presente a Raúl Castro, hermano de Fidel, líder máximo de los sucesos del Moncada. En julio, arriba Fidel a México y días más tarde conoce a Ernesto, el que se compromete de inmediato a formar parte del grupo de expedicionarios cubanos iniciadores de la gesta guerrillera. Se casa con Hilda Gadea.

1956

Nace su primogénita, Hilda Beatriz Guevara Gadea. En junio es arrestado como parte de una redada, incluido el propio Fidel Castro, a consecuencia de una delación. El 25 de noviembre salen para Cuba desde Tuxpan, en México, un grupo de ochenta y dos expedicionarios a bordo del yate *Granma* y llegan a las costas del oriente cubano, por playa Las Coloradas, el 2 de diciembre. Los combatientes rebeldes son sorprendidos por las tropas de la dictadura en Alegría de Pío; la mayoría son muertos o asesinados. El Che, como se le llamaría desde México por los cubanos, es herido a sedal en su «primer bautizo de fuego». El 21 de diciembre se encuentran con Fidel, en plena Sierra Maestra, un total de 15 hombres, forjadores del Ejército Rebelde.

1957

Comienzan los combates en los que participa el Che, entre ellos el ataque al cuartel de la Plata y la batalla del Uvero. En junio se organiza una segunda columna y es nombrado para dirigirla. En julio es nombrado por Fidel el primer comandante de la fuerza rebelde. Edita el periódico *El Cubano Libre*.

1958

En febrero funda Radio Rebelde. Para el mes de mayo el enemigo lanza una ofensiva militar contra el Ejército Rebelde que fracasa y comienza en julio la contra ofensiva rebelde con la batalla del Jigüe. En agosto, Fidel ordena una invasión a occidente con dos de sus comandantes más aguerridos, Camilo Cienfuegos y el Che Guevara. Camilo recibe la orden de llegar con su columna hasta Pinar del Río y el Che al centro del país, en la provincia de Las Villas, con el objetivo de unificar las fuerzas rebeldes.

En octubre, la columna 8 comandada por el Che arriba a las montañas del Escambray, para dar paso en diciembre a la ofensiva de Las Villas y culminar con la histórica batalla de Santa Clara, capital de la provincia, que se extiende hasta el 1ro. de enero de 1959.

1959

El 1ro. de enero el tirano Batista abandona Cuba y Che recibe la orden de Fidel de avanzar hacia La Habana y tomar la fortaleza de La Cabaña, antiguo bastión de la dictadura. El 29 de enero pronuncia su primera charla, con el título de Proyecciones sociales del Ejército Rebelde.

El 9 de febrero se le otorga la ciudadanía cubana por nacimiento, en reconocimiento a sus méritos en la lucha de liberación.

Funda el 10 de abril la revista *Verde Olivo*, órgano de las Fuerzas Armadas y donde se publican por primera vez artículos sobre la guerra, los que años después se agruparían para conformar los *Pasajes de la guerra revolucionaria*, publicados por la Unión de Escritores y Artistas de Cuba en 1963.

El 2 de junio contrae matrimonio con la combatiente Aleida March de la Torre, y del 12 de junio hasta el 8 de septiembre, efectúa su primer viaje al exterior como representante del gobierno revolucionario, con el objetivo de visitar los países que conformaban el Pacto de Bandung, antecedente del Movimiento de los no Alineados.

En septiembre comienza sus funciones al frente del Departamento de Industrialización del Instituto de la Reforma Agraria, conocido por su sigla INRA y en noviembre es nombrado presidente del Banco Nacional de Cuba.

1960

El 16 de enero realiza por primera vez un trabajo voluntario en el reparto Martí en la ciudad de La Habana, acción de enorme trascendencia en la formación revolucionaria del pueblo.

Pronuncia dos de sus discursos fundamentales en ese período, durante los meses de marzo y agosto: Soberanía política e independencia económica y El médico en la revolución y publica en la revista *Verde Olivo* su artículo «Notas para el estudio de la ideología de la Revolución cubana». El 28 de julio habla en el Primer Congreso Latinoamericano de Juventudes.

Comienza un extenso recorrido, en el mes de octubre, por la Unión Soviética, República Democrática Alemana, Checoslovaquia, China y Corea del Norte, con el propósito de afianzar los lazos diplomáticos y comerciales con los países socialistas.

El 24 de noviembre nace Aleida Guevara March, primogénita de su matrimonio con Aleida March, a la que seguirían Camilio, Celia y Ernesto.

Se publica por primera vez, en diciembre, su libro *Guerra de guerrillas*, dedicado a Camilo Cienfuegos.

1961

En comparecencia televisiva, el 6 de enero, anuncia al pueblo cubano la firma de los acuerdos económicos con la Unión Soviética y otros países socialistas.

El 23 de febrero se crea el Ministerio de Industrias y lo nombran al frente del mismo, labor que desempeña hasta su salida definitiva de Cuba en 1965, para participar en la lucha de liberación de los pueblos. Ese período constituye uno de los más fructíferos en su desempeño como dirigente en la construcción socialista en Cuba, por su ejemplo, dedicación y pensamiento creador. Se realizaron acciones efectivas para desarrollar el proceso de industrialización, construyéndose nuevas fábricas que respondieran a los cambios y transformaciones que se requerían; de igual forma se alcanzó un alto nivel de organización en las estructuras del Ministerio; y son históricas las reuniones de los consejos de dirección y las reuniones bimestrales, las que fueron recogidas en actas que reproducen la trascendencia del debate, tanto en lo teórico como en lo práctico.

El 9 de abril publica en la revista *Verde Olivo* su artículo «Cuba: ¿Excepción histórica o vanguardia en la lucha anticolonialista?».

El 17 de abril se produce la invasión mercenaria, organizada y respaldada por Estados Unidos, por Bahía de Cochinos, la que fuera derrotada el 19, en menos de 72 horas. En esas circunstancias, el Che asume el mando de las fuerzas militares ubicadas en la occidental provincia de Pinar del Río.

Es nombrado jefe de la delegación cubana que asiste a la Conferencia del Consejo Interamericano Económico y Social de la Organización de Estados Americanos [OEA], celebrada en Punta del Este, Uruguay. Pronuncia su discurso oficial el 8 de agosto. Después de finalizada la Conferencia, viaje a Buenos Aires en una visita privada, por invitación del presidente argentino Arturo Frondizi. El 19 regresa a Cuba con una escala en Brasil, donde se entrevista con su presidente Janio Cuadros y es condecorado con la Orden Cruzeiro Do Sul.

1962

De agosto a noviembre pronuncia y publica trabajos de excepcional importancia, entre los que sobresalen: La influencia de la Revolución cubana en América Latina, Una nueva actitud frente al trabajo, «El cuadro columna vertebral de la Revolución», Ser un joven comunista y «Táctica y estrategia de la revolución latinoamericana».

En agosto inicia su segunda visita a la Unión Soviética, que tiene lugar antes de la conocida Crisis de los Misiles, en el mes de octubre y que pone al mundo en pie de guerra. Una vez más el Che es designado al frente de las fuerzas en la provincia de Pinar del Río.

1963

Integra la Dirección Nacional del Partido Unido de la Revolución Socialista [PURS]. En julio visita por primera vez a Argelia, es recibido por su presidente Amehd Ben Bella y participa, con una intervención, en el Seminario sobre Planificación. Publica en febrero un artículo titulado «Contra el burocratismo» y escribe el prólogo al libro *El Partido marxista-leninista*.

1964

Publica en febrero el artículo «Sobre el sistema presupuestario de financiamiento». Contacta con Tamara Bunke [Tania] con el objetivo de discutir la misión de radicarse en Bolivia, como preámbulo a futuras acciones. En marzo participa como jefe de la delegación cubana en la Conferencia de Comercio y Desarrollo de Naciones Unidas en Ginebra, Suiza y en noviembre visita una vez más la Unión Soviética.

El 9 de diciembre parte hacia Nueva York para asumir la presidencia de la delegación cubana en Naciones Unidas. Pronuncia su discurso el día 11 en el plenario de la Asamblea General, en el XIX período de sesiones de ese organismo. Viaja hacia el continente africano, donde permanece hasta marzo del próximo año, para visitar a Argelia, Mali, Congo [Brazzaville], Guinea, Ghana, Tanzania y Egipto y una breve visita a China.

1965

El 24 de febrero pronuncia su último discurso público en el Segundo Seminario Económico de la Organización de Solidaridad Afroasiática en Argelia. El 12 de marzo se publica en el semanario *Marcha* de Uruguay su mundialmente conocido ensayo *El socialismo y el hombre en Cuba* y el 14 regresa a Cuba.

El 1ro. de abril parte en misión secreta para el Congo, donde con un grupo de combatientes internacionalistas cubanos y congoleses iniciarían la lucha de liberación, con el objetivo de fortalecer el denominado Movimiento de Liberación del Congo. Llega primero a Dar Es Salaam, capital de Tanzania, para de ahí organizar la entrada clandestina al Congo Leopoldville. Permanecen hasta noviembre en las selvas congolesas, fecha que marca la retirada de las tropas cubanas al no poder fortalecer las condiciones para continuar la lucha en el territorio ocupado por las pequeñas fuerzas rebeldes. El Che regresa a Tanzania donde permanece unos meses, período que emplea para escribir *Pasajes de la guerra revolucionaria: Congo*.

Con anterioridad, el 3 de octubre, Fidel lee la carta de despedida que dejara el Che en el momento de su partida, durante la presentación del Comité Central del Partido Comunista de Cuba, que se había constituido el 1ro. de octubre. Ante la ausencia del Che y su no inclusión en los miembros del Comité Central se hizo necesaria la lectura de la carta, en la que expresa: «Otras tierras reclaman el concurso de mis modestos esfuerzos…»

1966

Encuentro del Che con su esposa Aleida March, en enero, durante su estadía en Tanzania. Con posterioridad, el Che se traslada a Praga, un punto intermedio para organizar la lucha armada en Latinoamérica. Una vez más, en los meses de abril a mayo, Aleida viaja a Praga para reencontrase con él.

En el mes de julio regresa de forma clandestina a La Habana para iniciar el entrenamiento militar en Pinar del Río, con un pequeño grupo de combatientes seleccionados para acompañarlo en las acciones futuras.

Concluido el entrenamiento, sale de Cuba el 23 de octubre y el 3 de noviembre, después de un largo recorrido por diferentes países europeos, llega a La Paz, Bolivia, portando un pasaporte uruguayo con el nombre de Ramón Benítez Fernández. Al otro día, se reúne con los cubanos Harry Villegas [Pombo] y José Martínez Tamayo [Papi], quienes meses antes se encontraban en Bolivia coordinando el asentamiento de la futura guerrilla.

El 7 de noviembre llega el Che a la finca de Ñancahuasú, anotando en su Diario: «Hoy comienza una nueva etapa». Continúan llegando más combatientes cubanos y bolivianos al campamento, para trasladarse, paulatinamente, a un lugar más apartado y mejor acondicionado.

El 31 de diciembre se produce un encuentro con el Secretario del Partido Comunista de Bolivia, Mario Monje, que concluye en desacuerdos insuperables y determinantes para el futuro de la guerrilla.

1967

De febrero a marzo inicia una larga exploración con un grupo de combatientes con el objetivo de conocer la zona, presentándose innumerables contratiempos y la pérdida irreparable de dos guerrilleros bolivianos, Benjamín Coronado y Lorgio Vaca, que mueren ahogados en aguas del Río Grande.

Regresan al campamento, donde permanecían esperándolo el francés Regis Debray, el argentino Ciro Bustos y Tamara Bunke [Tania].

El 23 de marzo tiene lugar el inicio de las acciones guerrilleras a partir de una emboscada realizada a una columna del ejército. Esas acciones son explicadas por el Che en el Comunicado No. 1 que dirigiera al pueblo boliviano y donde por primera vez se nombra al ELN [Ejército de Liberación Nacional].

El 10 de abril, en un combate con tropas enemigas muere el primer cubano, Jesús Suárez Gayol [El Rubio].

El 16 se publica en La Habana, por primera vez, su conocido Mensaje a la Tricontinental, que había redactado cuando se encontraba en Cuba en la fase de entrenamiento, antes de partir para Bolivia.

El 17, el grupo de la retaguardia encabezado por Joaquín [el cubano Vilo Acuña] recibe órdenes de permanecer en la zona de Bella Vista hasta tanto el grupo de la vanguardia, encabezado por el Che, lograra sacar del área a Regis Debray y a Ciro Bustos, los que finalmente son apresados por el ejército en el poblado de Muyupampa, ofreciéndoles información muy valiosa de la guerrilla. Fue esta una decisión muy costosa, porque a partir de ese momento nunca más pudieron hacer contacto entre sí ninguno de los dos grupos.

Continúan los combates y escaramuzas, se producen deserciones fatales por la información que suministraban al enemigo, sumado al respaldo en preparación y avituallamiento a las tropas por parte del ejército de Estados Unidos, lo que obliga a un desplazamiento constante, caída de combatientes valiosos, hasta que finalmente el 8 de octubre el Che libra su último combate en la Quebrada del Yuro. Es herido, capturado y trasladado al pequeño caserío de La Higuera, donde el 9 de octubre es asesinado, siguiendo las órdenes de los gobiernos boliviano y estadounidense.

Los cuerpos de los siete combatientes que cayeron en la Quebrada son llevados a Valle Grande para su identificación y el 11 de octubre enterrados en una fosa común en el entonces aeropuerto de esa localidad.

1968

En marzo llega a Cuba un microfilm con las páginas del Diario de Bolivia y el 1ro. de julio se publica con una introducción redactada por Fidel Castro. Esa edición es distribuida gratuitamente al pueblo y, con posterioridad, publicada en el mundo entero.

1997

El 28 de junio, después de una compleja investigación llevada a cabo por un equipo de especialistas cubanos y argentinos con apoyo de autoridades bolivianas, son encontrados los restos del Che y sus compañeros enterrados en Valle Grande. El 12 de junio son trasladados a Cuba.

El 17 de octubre, después del homenaje rendido por el pueblo en la histórica Plaza de la Revolución y a lo largo del trayecto hasta su llegada a la ciudad de Santa Clara, los restos del Che y sus compañeros son depositados en el Memorial Che Guevara de dicha ciudad. En las palabras de Fidel Castro, expresadas en su discurso de homenaje, quedan sintetizadas su enorme dimensión: «¡Bienvenidos, compañeros heroicos del destacamento de refuerzo!».

Bibliografía de y sobre el Che Guevara

La obra publicada de textos, escritosy discursos del Che Guevara se comienza a compilar y a clasificar temáticamente, en una primera aproximación, con posterioridad a su muerte. Se enmarca dentro de la década de 1957 a 1967, años en los que transcurre su trayectoria revolucionaria en Cuba y su etapa internacionalista en Bolivia, porque su presencia y lucha en el Congo registrada en sus *Pasajes de la guerra revolucionaria. Congo*, no se publicaría hasta pasado más de treinta años, por razones circunstanciales.

A partir de la década de los noventa, se empiezan a editar textos pertenecientes a su etapa formativa, así como otros que escribiera en Cuba, en Tanzania y en Praga, muchos de los cuales fueron escritos como apuntes personales y notas de estudio, sin intención explícita de ser publicados en la forma en que los redactara, al ser pensados para obras de mayor desarrollo teórica, entre los que se encuentran los llamados *Apuntes críticos a la Economía Política*, dados a conocer en el 2006 y el aun inédito *Apuntes filosóficos*. Todos esos documentos por su riqueza en contenido teórico y vivencias narradas contribuyen a depurar, con mayor precisión y profundidad, los principales ejes temáticos que distinguen su vida y obra, sobre todo su marxismo creador elaborado para analizar y hacer avanzar a los países tercermundistas en la construcción socialista, a partir de su experiencia concreta en el proceso revolucionario cubano.

Por la larga ausencia de estos materiales, las antologías publicadas con antelación, sin restar su importancia y calidad en la selección elegida, se recienten en contenido si se las juzga con una mirada actual, al no incluir sus escritos de juventud, ni contar tampoco con las agudas reflexiones críticas que hiciera acerca del rumbo equívoco que habían tomado los países que conformaban el llamado sistema socialista y los problemas que se presentaban y que debían tenerse en cuenta en el proceso de transición socialista en Cuba, a partir de la experiencia adquirida en las relaciones con el socialismo existente.

Dentro de esas antologías, solo una contó con el privilegio excepcional de haber sido revisada en parte por el Che, cuando se encontraba en fase de entrenamiento para la lucha en Bolivia en 1966. Esto se refiere a la edición compilada por sus antiguos compañeros del Ministerio de Industrias, bajo la coordinación de quien fuera su vice-ministro primero, el compañero Orlando Borrego, con el título *El Che en la Revolución cubana*, en siete tomos. Pasó por el tamiz de sus oportunas observaciones y algunas críticas válidas para el momento en que se pensaba editar, sobre todo sus dudas en torno a la conveniencia de publicar o no los debates internos que se llevaban a cabo en el Consejo de Dirección del Ministerio de Industrias, así como las siempre polémicas Actas Bimestrales, tan seguidas por estudiosos y consultantes de la obra del Che, al conocerse su contenido.

Cuando estuvieron listos los tomos que componen esa antología mayor, se suscitaron de forma precipitada acontecimientos inesperados y estremecedores, el apresamiento y posterior asesinato del Che, lo que postergó su publicación hasta 1970 en una edición muy limitada, solo para cuadros de dirección del país, con el criterio de someterla a una revisión posterior. Con ese formato primario nunca ha logrado editarse y no es hasta 1972, que tomándola como fuente, se divulga una antología en nueve tomos, con el título de *Ernesto Che Guevara. Escritos y discursos.*

Una de las dificultades mayores que se ha generado en torno a los libros publicados, se centra en que más de una generación, muy cercana a la figura y al legado del Che, ha estudiado o leído de forma incompleta su obra, mediada además por especulaciones que en torno a períodos cruciales llegaran a formular biógrafos, estudiosos o interesados, no siempre marcada por buenas intenciones y ávidos de aventurarse en hipótesis y afirmaciones, muchas de las cuales carecían de un fundamento real.

Razón suficiente para comprender y evaluar la decisión que ha asumido el Centro de Estudios Che Guevara en rescatar, preservar y divulgar los documentos que desde casi un adolescente guardara el Che en sus archivos personales. Esa revisión se constituyó en objeto de una investigación más profunda, con el propósito de definir el contenido temático y cronológico de sus obras completas, transcribirlas y divulgarlas con el criterio de que solo así se puede encarar la preparación y redacción de una futura biografía.

A partir de esa primera aproximación, se comenzaron a editar una parte de sus escritos de juventud, para continuar después con los documentos del Congo y finalmente ordenar y publicar sus apuntes críticos sobre Economía Política y Filosofía. Aun quedan materiales importantes que deben estudiarse y transcribirse para someterlos a una revisión más exhaustiva, los que sin dudas formarán parte de la edición futura de sus obras completas.

Con la salvedad de esas apreciaciones, se han publicado en muchos países antologías que han pretendido ser completas y otras de menor alcance, siempre siguiendo las editadas en Cuba por atesorar la casi totalidad de sus escritos y discursos. Por eso, es importante resaltar para una consulta obligada, hasta tanto no se logren preparar sus obras completas, los siguientes textos:

Ernesto Che Guevara. Obras: 1957-1967, en 2 tomos, Editorial Casa, La Habana, 1970.

El Che en la Revolución cubana, en 7 tomos, Editorial MINAZ, La Habana, 1970.

Ernesto Che Guevara. Escritos y discursos, en 9 tomos, Instituto Cubano del Libro, 1972.

De los textos escritos por el Che y editados por el Centro de Estudios Che Guevara, deben consultarse, entre otros:

Notas de viaje, Editorial Ocean Press, Australia, 2004.

Otra vez, Editorial Ocean Sur, Australia, 2006.

América Latina, despertar de un continente, Ocean Press, Australia, 2002.

Apuntes críticos a la Economía Política, Ocean Press, Australia, 2006.

Pasajes de la guerra revolucionaria. Congo, Ocean Sur, Australia, 2009.

Sobre el Che las obras publicadas son extensas, aunque no todas sobresalen por su objetividad y rigor, solo se enunciarán algunas de las más representativas:

Löwy, Michel: *El pensamiento del Che Guevara*, Siglo XXI editores, México, 1971.

Martínez, Fernando: *El Che y el socialismo*, Casa, La Habana, 1989.

Ariet, Ma. del Carmen: *El pensamiento político de Ernesto Che Guevara*, Ocean Sur, Australia, 2003.

Sánchez Otero, Germán: *Los enigmas del Che*, Ocean Sur, Australia, 2007.

Borrego Orlando: *Che el camino del fuego*, Imagen contemporánea, La Habana, 2001.

March, Aleida: *Evocación*, Fondo Editorial Casa de las Américas, La Habana, 2007.

Muchas han sido las biografías publicadas en el mundo sobre la vida del Che, aunque en realidad pocas pueden catalogarse como tales y deben leerse con mucha reserva en sus valoraciones y contenidos.

Mención aparte merece una primera biografía escrita con la premura de los acontecimientos e incompleta en etapas definitorias, pero con la intención de reconstruir para los argentinos la figura del Che. Se trata de *El Che Guevara*, de Hugo Gambini, aunque también es significativo apuntar que años después fue reelaborada por el autor y no adquirió los mismos relieves.

Las biografías más divulgadas hasta el momento, sin que se puedan catalogar como definitivas, son:

Taibo II, Paco I.: *Ernesto Guevara, también conocido como el Che*, Planeta, Barcelona, 1997.

Anderson, Jon L.: *Che Guevara una vida revolucionaria*. Emecé Editores, Barcelona, 1997.

primera parte: *de la juventud*

Esta primera parte contiene páginas rescatadas, las unas de sus archivos personales, y las otras conservadas por su familia, a través de las cuales se puede valorar el proceso ascendente de su conciencia política y social y por consiguiente de su humanismo, así como de su latinoamericanismo estrechamente vinculado a sus primeras reflexiones antiimperialistas. Imprescindible es el epistolario de la época para conocer de su afán por estudiar con más profundidad el marxismo como la teoría valedera para interpretar «los males de América».

Recorrido por el interior
de Argentina (1950)*

[…] Cuando salía de Buenos Aires, la noche del 1ro. de enero de 1950, iba lleno de dudas sobre la potencialidad de la máquina que llevaba y con la sola esperanza de llegar pronto y bien a Pilar, fin de la jornada según decían algunas bien intencionadas lenguas de mi casa, y luego a Pergamino, otro de los puntos finales que se me ponían.

Al salir de San Isidro pasando por la caminera, apagué el motorcito y seguí a pedal, por lo que fui alcanzado por otro raidista que se iba a fuerza de piernas (en bicicleta) a Rosario. Continuamos el camino juntos pedaleando yo para mantener el ritmo de mi compañero. Cuando pasé por Pilar, sentí ya la primera alegría del triunfador.

A las 8 de la mañana del día siguiente llegamos a San Antonio de Areco, primera etapa de mi compañero, tomamos un desayuno y nos despedimos. Yo continúo la marcha y llego al atardecer a Pergamino, segunda etapa simbólica, ya era un triunfador, envalentonado olvidé mi fatiga y puse pies rumbo a Rosario, honradamente colgado de un camión de combustible, tras del cual llego a las 11 de la noche a Rosario. El cuerpo pide a gritos un colchón pero la voluntad se opone y continúo la marcha. A eso de las dos de la mañana se larga un

---

* Selección de algunas anotaciones de su diario de viaje. Tomado de *Mi hijo el Che,* de Ernesto Guevara Lynch, 1981.

chaparrón que dura más o menos una hora; saco mi impermeable y la capa de lona que la previsión de mi madre colocó en la mochila, me río del aguacero y se lo digo a grito pelado chapurreando un verso de Sábato.

[...]

En el [palabra ilegible] ya narrado me encontré con un linyera que hacía la siesta debajo de una alcantarilla y que se despertó con el bochinche. Iniciamos la conversación y en cuanto se enteró de que era estudiante se encariñó conmigo. Sacó un termo sucio y me preparó un mate cocido con azúcar como para endulzar a una solterona. Después de mucho charlar y de contarnos mutuamente una serie de peripecias, quizá con algo de verdad, pero muy adornadas, se acordó de sus tiempos de peluquero y notando mi porra algo crecida, peló unas tijeras herrumbradas y un peine sucio y dio comienzo a su tarea. Al promediar la misma yo sentía en la cabeza algo raro y temía por mi integridad física, pero nunca imaginé que un par de tijeras fuera un arma tan peligrosa. Cuando me ofreció un espejito de bolsillo casi caigo de espaldas, la cantidad de escaleras era tal que no había un lugar sano.

Llevé mi cabeza pelada como si fuera un trofeo a casa de las Aguilar, cuando fui a visitar a Ana María, mi hermana, pero para mi sorpresa casi no dieron importancia a la pelada y se maravillaron de que hubiera tomado el mate que me daban. En cuestión de opiniones no hay nada escrito.

Después de unos días de ocio, esperando a Tomasito[1] nos dirigimos a Tanti. El lugar elegido no tenía nada de extraordinario pero estaba cerca de todos los abastecimientos, inclusive la vertiente de agua. Luego de dos días emprendimos un proyectado viaje a los Chorrillos, paraje que queda a unos 10 kilómetros de allí.

[...]

---

[1]   Se refiere a su amigo Tomás Granado.

El espectáculo de la caída de los Chorrillos desde una altura de unos 50 metros es de los que valen la pena entre los de las sierras cordobesas. El chorro cae desparramándose en hileras de cascaditas múltiples que botan en cada piedra hasta caer desperdigados en una hoya que se encuentra debajo, luego en profusión de saltos menores cae a una gran hoya natural, la mayor que haya visto en riachos de este tamaño, pero que desgraciadamente recibe muy poca luz solar, de modo que el agua es extremadamente fría y solo se puede estar allí unos minutos.

La abundancia de agua que hay en todas las laderas vecinas, de donde brota formando manantiales, hace el lugar sumamente fértil y existen profusión de helechos y otras hierbas propias de lugares húmedos que dan al paraje una belleza particular.

Fue en esta zona, sobre la cascada, donde hice mis primeras armas en alpinismo. Se me había metido entre ceja y ceja bajar el chorrillo por la cascada, pero tuve que desistir e iniciar el descenso por una cortada a pique, la más difícil que encontré, para sacarme el gusto. Cuando iba a mitad del recorrido me falló una piedra y rodé unos 10 metros en medio de una avalancha de piedras y cascotes que caían conmigo.

Cuando logré estabilizarme, luego de romper varios [palabra ilegible] tuve que iniciar el ascenso porque me era imposible bajar más. Allí aprendí la ley primera del alpinismo: Es más fácil subir que bajar. El amargo sabor de la derrota me duró todo el día, pero al siguiente me tiré desde unos cuatro metros y unos dos metros (¿al menos?) en setenta centímetros de agua.

Lo que me borró el sabor amargo del día anterior.

[...]

Vuelvo al camino y continúo mi marcha. A las 11 ó 12 llego a la policía caminera y paro un rato a descansar. En eso llega un motociclista con una Harley Davidson, nuevita, me propone llevarme a rastras. Yo le pregunto la velocidad. «Y, despacio, lo puedo llevar a 80 ó 90.» No, evidentemente ya he aprendido con el costillar la experiencia de que no se puede sobrepasar los 40 kilómetros por hora cuando se va a remolque, con la inestabilidad de la carga y en caminos accidentados.

Rehúso y luego de dar las gracias al [tachado] que me convidara con un jarro de café, sigo apurando el tren, esperando llegar a Salta en el día. Tengo 200 kilómetros todavía, de modo que hay que apurarse.

Cuando llego a Rosario de la Frontera hago un encuentro desagradable, de un camión bajan la motocicleta Harley Davidson en la comisaría. Me acerco y pregunto por el conductor. Muerto, es la respuesta.

Naturalmente que el pequeño problema individual que entraña la oscura muerte de este motociclista no alcanza a tocar los resortes de las fibras sensibleras de las multitudes, pero el saber que un hombre va buscando el peligro sin tener siquiera ese vago aspecto heroico que entraña la hazaña pública y a la vuelta de una curva muere sin testigos, hace aparecer a este aventurero desconocido como provisto de un vago «fervor» suicida. Algo que podría tornar interesante el estudio de su personalidad, pero que lo aleja completamente del tema de estas notas.

[...]

Subo la ladera con una suave melancolía y el grito de las aguas de las que me alejo parecen reprocharme mi indigencia amorosa, me siento un solterón empedernido. Sobre mi filosófica barba a lo Jack London la chiva más grande del hato se ríe de mi torpeza de trepador y otra vez el áspero quejido de un camión me saca de mi meditación de ermitaño.

Entrada la noche subo la última cuesta y me encuentro frente a la magnífica ciudad de Salta en cuyo desmedro sólo debe anotarse el hecho de que dé la bienvenida al turista la geométrica rigidez del cementerio.

[...]

...me presento al hospital [...] como un «Estudiante de Medicina medio pato, medio raidista y cansado». Me dan como casa una Rural con mullidos asientos y encuentro la cama digna de un rey. Duermo como un lirón hasta las 7 de la mañana en que me despiertan para sacar el coche. Llueve torrencialmente, se suspende el viaje. Por la tarde a eso de las 2 para la lluvia y me largo hacia Jujuy pero a la salida de la ciudad había un enorme barrial provocado por la fortísima precipitación pluvial y me es imposible seguir adelante. Sin embargo consigo un camión y me encuentro con que el conductor es un viejo conocido; después de unos kilómetros nos separamos, él seguía hasta Campo Santo a buscar cemento y yo proseguí la marcha por el camino llamado La Cornisa.

El agua caída se juntaba en arroyitos que cayendo de los cerros cruzaban el camino yendo a morir al Mojotoro, que corre al borde del camino; no era este un espectáculo imponente similar al de Salta en el [río] Juramento, pero su alegre belleza tonifica el espíritu. Luego de separarse de este río entra el viajero en la verdadera zona de La Cornisa, en donde se comprueba la majestuosa belleza de los cerros empenachados de bosque verde. Las abras se suceden sin interrupción y con el marco del verdor cercano, se ve entre los claros del ramaje el llano verde y alejado, como visto a través de un anteojo de otra tonalidad.

El follaje mojado inunda el ambiente de frescura, pero no se nota esa humedad penetrante, agresiva, de Tucumán, sino algo más naturalmente fresco y suave. El encanto de esa tarde calurosa y húmeda, templado por la tupida selva [...] me transportaba a un mundo de ensueños, un mundo alejado de mi posición actual, pero cuyo camino de retorno yo conocía bien y no estaba cortado por esos abismos de niebla que suelen ostentar los reinos de los Buenos. [...]

Hastiado de belleza, como en una indigestión de bombones, llego a la ciudad de Jujuy, molido por dentro y por fuera y deseoso de conocer el valor de la hospitalidad de esta provincia, ¿qué mejor ocasión que este viaje para conocer los hospitales del país?

Duermo magníficamente en una de las salas, pero antes debo rendir cuenta de mis conocimientos medicinales y munido de unas pinzas y un poco de éter me dedico a la apasionante caza de [ilegible] en la rapada cabeza de un chango.

Su quejido monocorde lacera mis oídos como un fino estilete, mientras mi otro yo científico cuenta con indolente codicia el número de mis [¿muertos?] enemigos. No alcanza a comprenderse como ha podido el negrito de apenas 2 años llenarse en esa forma de larvas; es que queriendo hacerlo no seria fácil conseguirlo. […]

Me meto en la cama y trato de hacer del insignificante episodio una buena base para mi sueño de paria

[…]

Llego a Salta a las dos de la tarde y paso a visitar a mis amigos del hospital, quienes al saber que hice todo el viaje en un día se maravillaron, y entonces «qué ves» es la pregunta de uno de ellos. Una pregunta que queda sin contestación porque para eso fue formulada y porque no hay nada que contestar, porque la verdad es que, que veo yo; por lo menos, no me nutro con las mismas formas que los turistas y me extraña ver en los mapas de propaganda, de Jujuy por ejemplo: el Altar de la Patria, la catedral donde se bendijo la enseña patria, la joya del púlpito y la milagrosa virgencita de Río Blanco y Pompeya, la casa en que fue muerto Lavalle, el Cabildo de la revolución, el Museo de la provincia, etc. No, no se conoce así un pueblo, una forma y una interpretación de la vida, aquello es la lujosa cubierta, pero su alma está reflejada en los enfermos de los hospitales, los asilados en la comisaría o el peatón ansioso con quien se intima, mientras el Río Grande muestra su crecido cauce turbulento por debajo. Pero todo esto es muy largo de explicar y quién sabe si sería entendido. Doy las gracias y me dedico a visitar la ciudad que no conocí bien a la ida.

[…]

Selección de crónicas del primer viaje por América Latina (1952)*

Entendámonos

No es este el relato de hazañas impresionantes, no es tampoco meramente un «relato un poco cínico»; no quiere serlo, por lo menos. Es un trozo de dos vidas tomadas en un momento en que cursaron juntas un determinado trecho, con identidad de aspiraciones y conjunción de ensueños. Un hombre en nueve meses de su vida puede pensar en muchas cosas que van de la más elevada especulación filosófica al rastrero anhelo de un plato de sopa, en total correlación con el estado de vacuidad de su estómago; y si al mismo tiempo es algo aventurero, en ese lapso puede vivir momentos que tal vez interesen a otras personas y cuyo relato indiscriminado constituiría algo así como estas notas.

Así, la moneda fue por el aire, dio muchas volteretas; cayó una vez «cara» y alguna otra «seca». El hombre, medida de todas las cosas, habla aquí por mi boca y relata en mi lenguaje lo que mis ojos

---

*   Recorrido realizado por Chile, Perú, Colombia y Venezuela, en compañía de su amigo Alberto Granado, de diciembre de 1951 a julio de 1952. Tomado de *Notas de viaje*, Ocean Sur, 2004.

vieron; a lo mejor sobre diez «caras» posibles solo vi una «seca», o viceversa, es probable y no hay atenuantes; mi boca narra lo que mis ojos le contaron. ¿Que nuestra vista nunca fue panorámica, siempre fugaz y no siempre equitativamente informada, y los juicios son demasiado terminantes?: de acuerdo, pero esta es la interpretación que un teclado da al conjunto de los impulsos que llevaron a apretar las teclas y esos fugaces impulsos han muerto. No hay sujeto sobre quien ejercer el peso de la ley. El personaje que escribió estas notas murió al pisar de nuevo tierra Argentina, el que las ordena y pule, «yo», no soy yo; por lo menos no soy el mismo yo interior. Ese vagar sin rumbo por nuestra «Mayúscula América» me ha cambiado más de lo que creí.

En cualquier libro de técnica fotográfica se puede ver la imagen de un paisaje nocturno en el que brilla la luna llena y cuyo texto explicativo nos revela esa oscuridad a pleno sol, pero la naturaleza del baño sensitivo con que esta cubierta mi retina no es bien conocida para el lector, apenas la intuyo yo, de modo que no se pueden hacer correcciones sobre la placa para averiguar el momento real en que fue sacada. Si presento un nocturno créanlo o revienten, poco importa, que si no conocen personalmente el paisaje fotografiado par mis notas, difícilmente conocerán otra verdad que la que les cuento aquí. Los dejo ahora conmigo mismo; el que fui...

La sonrisa de La Gioconda

Esta era una nueva parte de la aventura; estábamos acostumbrados a llamar la atención de los ociosos con nuestros originales atuendos y la prosaica figura de la *Poderosa* cuyo asmático resoplido llenaba de compasión a nuestros huéspedes, pero, hasta cierto punto, éramos los caballeros del camino. Pertenecíamos a la rancia aristocracia «vagueril» y traíamos la tarjeta de presentación de nuestros títulos que impresionaban inmejorablemente. Ahora no, ya no éramos más que dos linyeras con el «mono» a cuestas y con toda la mugre del camino condensada en los mamelucos, resabio de nuestra aristocrática condición pasada. El conductor del camión nos había dejado en la parte alta de la ciudad, a la entrada, y nosotros, con paso cansino, arrastrábamos nuestros bultos calle abajo seguidos por la mirada divertida e indiferente de los transeúntes. El puerto mostraba a lo lejos su tentador brillo de barcos mientras el mar, negro y cordial, nos llamaba a gritos con su olor gris que dilataba nuestras fosas nasales. Compramos pan —el mismo pan que tan caro nos parecía en ese momento y encontraríamos tan barato al llegar más lejos aún—, y seguimos calle abajo. Alberto mostraba su cansancio y yo, sin mostrarlo, lo tenía tan positivamente instalado como el suyo, de modo que al llegar a una playa para camiones y automóviles asaltamos al encargado con nuestras caras de tragedia, contando en un florido lenguaje de los padecimientos soportados en la ruda caminata desde Santiago. El viejo nos cedió un lugar para dormir, sobre unas tablas, en comunidad con algunos parásitos de esos cuyo nombre acaba en Hominis, pero bajo techo; atacamos al sueño con resolución. Sin embargo, nuestra llegada había impresionado los oídos de un compatriota instalado en la fonda adjunta, el que se apresuró a llamarnos para conocernos. Conocer en Chile significa convidar y ninguno de los dos estaba en condiciones de rechazar el maná. Nuestro paisano demostraba estar profundamente compenetrado con el espíritu de la tierra hermana y consecuentemente, tenía una curda de órdago. Hacía tanto tiempo que no comía pescado, y el vino estaba tan rico, y el hombre era tan obsequioso; bueno, comimos bien y nos invitó a su casa para el día siguiente.

Temprano La Gioconda abrió sus puertas y cebamos nuestros mates charlando con el dueño que estaba muy interesado en el viaje. Enseguida, a conocer la ciudad. Valparaíso es muy pintoresca, edificada sobre la playa que da a la bahía, al crecer, ha ido trepando los cerros que mueren en el mar. Su extraña arquitectura de zinc, escalonada en gradas que se unen entre sí por serpenteantes escaleras o por funiculares, ve realzada su belleza de museo de manicomio por el contraste que forman los diversos coloridos de las casas que se mezclan con el azul plomizo de la bahía. Con paciencia de disectores husmeamos en las escalerillas sucias y en los huecos, charlamos con los mendigos que pululan: auscultamos el fondo de la ciudad. Los miasmas que nos atraen. Nuestras narices distendidas captan la miseria con fervor sádico.

[...]

Tratábamos de establecer contacto directo con los médicos de Petrohué pero estos, vueltos a sus quehaceres y sin tiempo para perder, nunca se avenían a una entrevista formal, sin embargo ya los habíamos localizado más o menos bien y esa tarde nos dividimos, mientras Alberto les seguía los pasos yo me fui a ver una vieja asmática que era dienta de La Gioconda. La pobre daba lástima, se respiraba en su pieza ese olor acre de sudor concentrado y patas sucias, mezclado al polvo de unos sillones, única paquetería de la casa. Sumaba a su estado asmático una regular descompensación cardiaca. En estos casos es cuando el médico consciente de su total inferioridad frente al medio, desea un cambio de cosas, algo que suprima la injusticia que supone el que la pobre vieja hubiera estado sirviendo hasta hacía un mes para ganarse el sustento, hipando y penando, pero manteniendo frente a la vida una actitud erecta. Es que la adaptación al medio hace que en las familias pobres el miembro de ellas incapacitado para ganarse el sustento se vea rodeado de una atmósfera de acritud apenas disimulada; en ese momento se deja de ser padre, madre o hermano para convertirse en un factor negativo en la lucha por la vida y como tal, objeto del rencor de la comunidad sana que le echa su enfermedad como si fuera un insulto personal a los que deben mantenerlo. Allí, en estos últimos momentos de gente cuyo horizonte más lejano fue siempre el día de mañana, es donde se capta la profunda tragedia que encierra la vida del proletariado de todo el mundo; hay en esos ojos moribundos un sumiso pedido de disculpas y también, muchas veces, un desesperado pedido de consuelo que se pierde en el vacío, como se perderá pronto su cuerpo en la magnitud del misterio que nos rodea. Hasta cuándo seguirá este orden de cosas basado en un absurdo sentido de casta es algo que no está en mi contestar pero es hora de que los gobernantes dediquen menos tiempo a la propaganda de sus bondades como régimen y más dinero, muchísimo más dinero, a solventar obras de utilidad social. Mucho no puedo hacer por la enferma: simplemente le doy un régimen aproximado de comidas y le receto un diurético y unos polvos antiasmáticos. Me quedan unas pastillas de dramamina y se las regalo. Cuando salgo, me siguen las palabras zalameras de la vieja y las miradas indiferentes de los familiares…

Esta vez, fracaso

Lo veo ahora, patente, el capitán borracho, como toda su oficialidad y el bigotudo patrón de la embarcación vecina, con su gesto adusto por el vino malo y la risa furiosa de los presentes mientras relataban nuestra odisea: son unos tigres, oye; y seguro que ahora están en tu barco, ya lo verás en altamar. Esta frase o una parecida tiene que haber deslizado el capitán a su colega y amigo. Pero nosotros no sabíamos nada, faltaba sólo una hora para que zarpara el barco y estábamos perfectamente instalados, cubiertos totalmente por una tonelada de perfumados melones, comiendo a tres carrillos. Conversábamos sobre lo gaucho que eran los «maringotes» ya que con la complicidad de uno de ellos habíamos podido subir y escondernos en tan seguro lugar, cuando oímos la voz airada y un par de bigotes, que se nos antojaron mayores, en aquel momentos emergieron de quién sabe de qué ignoto lugar sumiéndonos en una confusión espantosa. La larga hilera de cáscara de melón perfectamente pulida flotaban en fila india sobre el mar tranquilo. Lo demás fue ignominioso. Después nos decía el marinero —yo lo hubiera desorientado, muchachos, pero vio los melones y al tiro inició una p. que no se salvó la madre ni se su hijo, creo tiene un vino malo el capitán, muchachos— Y después (como con vergüenza)… —¡no hubieran comido tanto melón muchachos!

Uno de nuestros viejos compañeros del San Antonio, resumió toda su brillante filosofía en esta galana frase: —Compañeros, están a la hueva de puros huevones ¿por qué no se dejan de huevadas y se van a su huevona tierra? Y algo así hicimos: tomamos los bártulos y partimos rumbo a Chuquicamata, la famosa mina de cobre.

Pero no era una sola jornada. Hubo un paréntesis de un día en el cual fuimos despedidos como corresponde por los entusiastas marineros báquicos.

Tumbados bajo la sombra magra de dos postes de luz, al principio del árido camino que conduce a los yacimientos, pasamos buena parte del día intercambiando algún grito de poste a poste, hasta que se dibujó en el camino la silueta asmática del camioncito que nos llevó hasta la mitad del recorrido, un pueblo llamado Baquedano.

Allí nos hicimos amigos de un matrimonio de obreros chilenos que eran comunistas. A la luz de una vela con que nos alumbrábamos para cebar el mate y comer un pedazo de pan y queso, las facciones contraídas del obrero ponían una nota misteriosa y trágica, en su idioma sencillo y expresivo contaba de sus tres meses en la cárcel, de la mujer hambrienta que lo seguía con ejemplar lealtad, de sus hijos, dejados en la casa de un piadoso vecino, de su infructuoso peregrinar en busca de trabajo, de los compañeros misteriosamente desaparecidos, de los que se cuentan que fueron fondeados en el mar. El matrimonio aterido, en la noche del desierto, acurrucado uno contra el otro, era una viva representación del proletariado de cualquier parte del mundo. No tenía ni una mísera manta con que taparse, de modo que le dimos una de las nuestras y en la otra nos arropamos como pudimos Alberto y yo. Fue esa una de las veces en que he pasado más frío, pero también, en la que me sentí un poco más hermanado con ésta, para mí, extraña especie humana.

A las 8 de la mañana conseguimos el camión que nos llevara hasta el pueblo de Chuquicamata y nos separamos del matrimonio que estaba por ir a las minas de azufre de la cordillera; allí donde el clima es tan malo y las condiciones de vida son tan penosas que no se exige carnet de trabajo ni se le pregunta a nadie cuáles son sus ideas políticas. Lo único que cuenta es el entusiasmo con que el obrero vaya a arruinar su vida a cambio de las migajas que le permiten la subsistencia.

A pesar de que se había perdido la desvaída silueta de la pareja en la distancia que nos separaba, veíamos todavía la cara extrañamente decidida del hombre y recordábamos su ingenua invitación: —vengan camaradas, comamos juntos, vengan, yo también soy atorrante—, con que nos mostraba en el fondo su desprecio por el parasitismo que veía en nuestro vagar sin rumbo.

Realmente apena que se tomen medidas de represión para las personas como ésta. Dejando de lado el peligro que puede ser o no para la vida sana de una colectividad, «el gusano comunista», que había hecho eclosión en él, no era nada más que un natural anhelo de algo mejor, una protesta contra el hambre inveterada traducida en el amor a esa doctrina extraña cuya esencia no podría nunca comprender, pero cuya traducción: «pan para el pobre» eran palabras que estaban a su alcance, más aún, que llenaban su existencia.

Y aquí los amos, los rubios y eficaces administradores impertinentes que nos decían en su media lengua: —esto no es una ciudad turística, les daré una guía que les muestre las instalaciones en media hora y después harán el favor de no molestarnos más, porque tenemos mucho trabajo. La huelga se venía encima. Y el guía, el perro fiel de los amos yanquis: «Gringos imbéciles, pierden miles de pesos diarios en una huelga, por negarse a dar unos centavos más a un pobre obrero, cuando suba mi general Ibáñez esto se va a acabar». Y un capataz poeta «esas son las famosas gradas que permiten el aprovechamiento total del mineral de cobre, mucha gente como ustedes me preguntan muchas cosas técnicas pero es raro que averiguen cuántas vidas ha costado, no puedo contestarle, pero muchas gracias por la pregunta, doctores».

Eficacia fría y rencor impotente van mancomunados en la gran mina, unidos a pesar del odio por la necesidad común de vivir y especular de unos y de otros, veremos si algún día, algún minero tome un pico con placer y vaya a envenenar sus pulmones con consciente alegría. Dicen que allá, de donde viene la llamarada roja que deslumbra hoy al mundo, es así, eso dicen. Yo no sé.

El día de San Guevara

El día sábado 14 de junio de 1952, yo, fulano, exiguo, cumplí 24 años, vísperas del trascendental cuarto de siglo, bodas de plata con la vida, que no me ha tratado tan mal, después de todo. Tempranito me fui al río a repetir suerte con los pescados, pero este deporte es como el juego: el que empieza ganando va perdido. Por la tarde jugamos un partido de fútbol en el que ocupé mi habitual plaza de arquero con mejor resultado que las veces anteriores. Por la noche, después de pasar por la casa del doctor Bresani que nos invitó con una rica y abundante comida, nos agasajaron en el comedor nuestro con el licor nacional, el pisco, del cual Alberto tiene precisa experiencia por sus efectos sobre el sistema nervioso central. Ya picaditos todos los ánimos, el director de la colonia brindó por nosotros en una manera muy simpática y yo, «pisqueado», elaboré más o menos lo que sigue:

> Bueno, es una obligación para mí el agradecer con algo más que con un gesto convencional, el brindis que me ofrece el Dr. Bresani. En las precarias condiciones en que viajamos, sólo queda como recurso de la expresión afectiva la palabra, y es empleándola que quiero expresar mi agradecimiento, y el de mi compañero de viaje, a todo el personal de la colonia, que, casi sin conocernos, nos ha dado esta magnífica demostración de afecto que significa para nosotros la deferencia de festejar nuestro cumpleaños, como si fuera la fiesta íntima de alguno de ustedes. Pero hay algo más; dentro de pocos días dejaremos el territorio peruano, y por ello estas palabras toman la significación secundaria de una despedida, en la cual pongo todo mi empeño en expresar nuestro reconocimiento a todo el pueblo de este país, que en forma ininterrumpida nos ha colmado de agasajos, desde nuestra entrada por Tacna. Quiero recalcar algo más, un poco al margen del tema

de este brindis: aunque lo exiguo de nuestras personalidades nos impidan ser voceros de su causa, creemos, y después de este viaje más firmemente que antes, que la división de América en nacionalidades inciertas e ilusorias es completamente ficticia. Constituimos una sola raza mestiza que desde México hasta el estrecho de Magallanes presenta notables similitudes etnográficas. Por eso, tratando de quitarme toda carga de provincianismos exiguos, brindo por Perú y por América Unida.

Grandes aplausos coronaron mi pieza oratoria. La fiesta, que en estas regiones consiste en tomar la mayor cantidad posible de alcohol, continuó hasta las tres de la mañana, hora en que plantamos banderas.

Cartas a la familia en el segundo viaje por América Latina (1952-1956)*

12 de febrero de 1954

Mi muy querida, siempre adorada y nunca bien ponderada tía:

Recibí con gusto tu última carta, culminación y complemento de las dos capitalistas anteriores, de las cuales sólo llegó a mi poder una, con lo que el democrático empleado de correos hizo una justa distribución de las riquezas.

No me mandes más plata, a vos te cuesta un Perú y yo encuentro aquí los dólares por el suelo, con decirte que al principio me dio lumbago de tanto agacharme para recogerlos. Ahora sólo tomo uno de cada diez, como para mantener la higiene publica, porque tanto papel volando y por el suelo es un peligro.

Mi plan para los próximos años: por lo menos seis meses de Guatemala, siempre que no consiga algo bien remunerativo económicamente que me permita quedarme dos años. Si se da lo primero luego iré a trabajar a otro país durante un año, ese país podría ser, en orden

---

*   Todas las cartas seleccionadas en esta primera parte se tomaron de *Aquí va un soldado de América*, de Ernesto Guevara Lynch. Edición de Plaza & Janés, España, 2000.

decreciente de probabilidades, Venezuela, México, Cuba, Estados Unidos.

Si se cumple el plan de los dos años, tras un período de visita por los tres últimos países nombrados y Haití y Santo Domingo, me voy a Europa Occidental, probablemente con la Vieja, donde estaré hasta quemar el último cartucho monetario. Si queda tiempo y dinero de por medio les haré una visita en algún medio baratieri como el avión de arriba[1] o barco, trabajando como médico, etc.

De todo este plan hay dos cosas sumamente cambiantes que pueden enderezarlas para uno y otro lado. La primera es el dinero, que para mí no tiene importancia fundamental, pero hace abreviar estadías o modificar itinerarios, etc. La segunda y la más importante es la situación política. MI POSICIÓN NO ES DE NINGUNA MANERA LA DE UN DILETANTI HABLADOR y NADA MÁS; HE TOMADO POSICION DECIDIDA JUNTO AL GOBIERNO GUATEMALTECO Y, DENTRO DE ÉL, EN EL GRUPO DEL PGT, QUE ES COMUNISTA, RELACIONÁNDOME ADEMÁS CON INTELECTUALES DE ESA TENDENCIA QUE EDITAN AQUÍ UNA REVISTA Y TRABAJANDO COMO MÉDICO EN LOS SINDICATOS, LO QUE ME HA COLOCADO EN PUGNA CON EL COLEGIO MÉDICO QUE ES ABSOLUTA-MENTE REACCIONARIO.[2] Me imagino todo lo que dirás y comentarás pero no te podes quejar de que no hablé claro.

En el campo de la medicina social, y amparado en mi pequeña experiencia personal, estoy preparando un libro muy pretencioso, el que creo me llevará dos años de trabajo. Su titulo es: *La función del médico en América Latina* y sólo tengo el plan general y los dos primeros capítulos escritos. Creo que con paciencia y método puede decir algo bueno.

Un abrazo de acero de tu proletario sobrino.

Una P.D. importante: Contáme qué pensás hacer con el departamento y si se pueden mandar a tu dirección libros para que los tengas, no te asustes que no son comprometedores.

---

[1] Argentinismo: gratis.

[2] En alta en el documento original.

Vieja, la mi vieja:[3]

No creas que el encabezamiento es para contentar al viejo, hay indi-
cios de que se mejora algo y las perspectivas no son desesperadas
en cuanto al panorama económico. La tragedia pesística la cuento
porque es la verdad y presumía que el viejo me consideraba lo suficiente choma[4] como para aguantar lo que caiga, ahora, si prefieren
cuentos de hadas, hago algunos muy bonitos. En los días de silencio
mi vida se desarrolló así: fui con una mochila y un portafolio, medio
a pata, medio a dedo, medio (vergüenza) pagando, amparado por
10 dólares que el propio gobierno me había dado. Llegué al Salvador
y la policía me secuestró algunos libros que traía de Guatemala pero
pasé, conseguí la visa para entrar de nuevo a este país, y ahora
correcta, y me largué a conocer unas ruinas de los pipiles que son una
raza de los tlascaltecas que se largaron a conquistar el sur (el centro
de ellos estaba en México) y aquí se quedaron hasta la venida de los
españoles. No tienen nada que hacer con las construcciones mayas
y menos con las incaicas. Después me fui a pasar unos días de playa
mientras esperaba la resolución sobre mi visa que había pedido para
ir a visitar unas ruinas hondureñas, que sí son espléndidas. Dormí en
la bolsa que tengo, a orillas del mar, y aquí sí mi régimen no fue de lo
más estricto, pero esa vida tan sana me mantuvo perfecto, salvo las
ampollas del sol. Me hice amigo de algunos chochamu[5] que como en
toda Centroamérica caminan a alcohol, y aprovechando la extrover-
sión del alcohol me les mandé mi propagandita guatemaltequeante
y recité algunos versitos de profundo color colorado. El resultado fue
que aparecimos todos en la capacha,[6] pero nos soltaron enseguida,
previo consejo de un comandante con apariencia de gente, para que

---

[3] Carta a la madre desde Guatemala. Don Ernesto Guevara Lynch en la
edición de su libro *Aquí va un soldado de América*, deduce que pudo
haberla escrito a fines de abril de 1954.
[4] Macho al revés.
[5] Muchacho al revés.
[6] Comisaría, cárcel.

cantara a las rosas de la tarde y otras bellezas. Yo preferí hacerle un soneto al humo.[7] Los hondureños me negaron la visa por el solo hecho de tener residencia en Guatemala, aunque de más está decirte que tenía mi sana intención de otear una huelga que se ha desatado allí y que mantiene parada el 25% de la población total trabajadora, cifra alta en cualquier lado pero extraordinaria en un país donde no hay derecho a huelgas y los sindicatos son clandestinos. La frutera está que brama y, por supuesto, Dulles y Cía. quieren intervenir en Guatemala por el terrible delito de comprar armas donde se las vendieran, ya que Estados Unidos no vende ni un cartucho desde hace mucho tiempo. [...]

Por supuesto, ni consideré la posibilidad de quedarme allí. De vuelta me largué por rutas medio abandonadas y con la cartera tecleando, porque aquí un dólar es poco más de un mango y con 20 no se hacen maravillas. Algún día caminé cerca de 50 kilómetros (serán mentiras pero es mucho) y después de muchos días caí al hospital de la frutera donde hay unas ruinas chicas pero muy bonitas. Aquí ya quedé totalmente convencido de lo que mi americanismo no quería convencerse: nuestros papis son asiáticos (contále al viejo que pronto van a exigir su patria potestad). Hay unas figuras en bajorrelieve que son Buda en persona y, todas las características lo demuestran, perfectamente iguales a las de antiguas civilizaciones indostánicas. El lugar es precioso, tanto que hice contra mi estómago el crimen de Silvestre Bonard y me gasté un dólar y pico en comprar rollos y alquilarme una máquina. Después mendigué una morfada en el hospital, pero no pude llenar la joroba sino hasta la mitad de su contenido. Quedé sin plata para poder llegar por ferrocarriles a Guatemala, de modo que me tiré al Puerto Barrios y allí laburé en la descarga de toneles de alquitrán, ganando 2,63 por doce horas de laburo pesado como la gran siete, en un lugar donde hay mosquitos en picada en cantidades fabulosas. Quedé con las manos a la miseria

---

[7]   Argentinismo: desaparecer.

y el lomo peor, pero te confieso que bastante contento. Trabajaba de seis de la tarde a seis de la mañana y dormía en una casa abandonada a orillas del mar. Después me tiré a Guatemala y aquí estoy con perspectivas mejores. [...]

Vieja, la mi vieja:[8]

Es cierto, estoy bastante haragán para escribir, pero el culpable fue, como siempre, Don Dinero. Al parecer, el fin del desdichado año económico 54, que me trató como tu cara, coincide con el fin de mis hambres crónicas; tengo un puesto de redactor en la Agencia Latina donde gano 700 pesos mexicanos, es decir, un equivalente a 700 de allí, lo que me da la base económica para subsistir, teniendo, además, la ventaja de que sólo me ocupa tres horas tres veces por semana. Esto me permite dedicar las mañanas íntegras al hospital donde estoy haciendo roncha con el método de Pisani [...].

Sigo en la fotografía pero dedicándome a cosas más importantes como «estudios», y algunas cositas raras que salen por estos lados. El sobresueldo es poco, pero espero redondear los mil este dichoso mes de diciembre, y si la suerte me ayuda pondremos una pequeña fotografía al final del año que viene (principio quise decir). Contra lo que pudieras creer, no soy más malo que la mayoría de los fotógrafos y sí el mejor del grupo de compañeros, eso sí, en este grupo no se necesita ser tuerto para la corona.

Mis planes inmediatos contemplan unos seis meses de permanencia en México que me interesa y me gusta mucho, y en ese tiempo pedir como de pasada la visa para conocer bien a los «hijos de la gran potencia», como los llama Arévalo. Si se da, allí estaré, y si no, veré qué se hace en firme. Siempre sin despreciar la ida directa detrás

---

[8] Carta a la madre. No lleva fecha, por su contenido debe haberla escrito a fines de 1954.

de la cortisona[9] para ver qué pasa también. Como ves, nada nuevo sobre lo anterior.

En el terreno científico estoy con mucho entusiasmo y lo aprovecho porque esto no dura. Estoy haciendo dos trabajos de investigación y tal vez inicie un tercero, todos sobre alergia y, aunque muy lentamente, sigo juntando material para un librito que verá la luz —si la ve— dentro de varios años y que lleva el pretencioso título de *La función del medico en Latinoamérica*. Con algo de autoridad puedo hablar sobre el tema ya que, si no conozco mucho de medicina, a Latinoamérica la tengo bien junada.[10] Por supuesto, fuera del plan general de trabajo y de unos tres o cuatro capítulos no hay nada más, pero el tiempo me sobra.

Con respecto a las diferencias de pensar que según vos se acentúan te aseguro que será por poco tiempo. A aquello que tanto le temes se llega por dos caminos: el positivo, de un convencimiento directo, o el negativo, a través de un desengaño de todo. Yo llegué por el segundo camino, pero para convencerme inmediatamente de que hay que seguir por el primero. La forma en que los gringos tratan a América (acordate que gringos son yanquis) me iba provocando una indignación creciente, pero al mismo tiempo estudiaba la teoría del porqué de su acción y la encontraba científica. Después vino Guatemala y todo eso difícil de contar, de ver cómo todo el objeto del entusiasmo de uno se diluía por la voluntad de esos señores y cómo se fraguaba ya el nuevo cuento de la culpabilidad y criminalidad rojas, y cómo los mismos guatemaltecos traidores se prestaban a propagar todo eso para mendigar algo en el nuevo orden de cosas. En qué momento dejé el razonamiento para tener algo así como la fe no te puedo decir, ni siquiera con aproximación, porque el camino fue bastante larguito y con muchos retrocesos. [...].

---

[9] Se refiere a la Unión Soviética, por la denominación que le daban en occidente: «la cortina de hierro».

[10] Del caló argentino: bien calada.

México, 15 de julio de 1956

[Vieja:[11]

He recibido tu carta, pasabas por el tamiz de una morriña más o menos grande por lo que se ve. Tiene muchos aciertos y muchas cosas que no te conocía.]

No soy Cristo y filántropo, vieja, soy todo lo contrario de un Cristo, y la filantropía me parece cosa de... [ilegible], por las cosas que creo, lucho con toda las armas a mi alcance y trato de dejar tendido al otro, en vez de dejarme clavar en una cruz o en cualquier otro lugar. Con respecto a la huelga de hambre estás totalmente equivocada: dos veces la comenzamos, a la primera soltaron a 21 de los 24 detenidos, a la segunda anunciaron que soltarían a Fidel Castro, el jefe del Movimiento, eso sería mañana, de producirse como lo anunciaron quedaríamos en la cárcel sólo dos personas. No quiero que creas como insinúa Hilda que los dos que quedamos somos los sacrificados, somos simplemente los que no tienen los papeles en [malas] condiciones y por eso no podemos valernos de los recursos que usaron nuestros compañeros. Mis proyectos son los de salir al país más cercano que me dé asilo, cosa difícil dada la fama interamericana que me han colgado, y allí estar listo para cuando mis servicios sean necesarios. Vuelvo a decirles que es fácil que no pueda escribir en un tiempo más o menos largo.

Lo que [verdaderamente] me aterra es tu falta de comprensión de todo esto y tus consejos sobre la moderación, el egoísmo, etc., es decir las cualidades más execrables que pueda tener un individuo. No sólo no soy moderado sino que trataré de no serlo nunca, y cuando reconozca en mí que la llama sagrada ha dejado lugar a una tímida lucecita votiva, lo menos que pudiera hacer es ponerme a vomitar sobre mi propia mierda. En cuanto a tu llamado al moderado egoísmo,

---

[11]   Una copia facsimilar de la carta se encuentra en el Centro de Estudios Che Guevara y al cotejarla con la publicada se decidió incorporarle algunos párrafos que faltaban. Las correcciones y ampliaciones aparecen señaladas entre corchetes.

es decir, al individualismo ramplón y miedoso, a las virtudes de X.X. debo decirte que hice mucho por liquidarlo, no precisamente a ese tipo desconocido, menguado, sino al otro, bohemio, despreocupado del vecino y con el sentimiento de autosuficiencia por la conciencia equivocada o no de mi propia fortaleza. En estos días de cárcel y en los anteriores de entrenamiento me identifiqué totalmente con los compañeros de causa. Me acuerdo de una frase que un día me pareció imbécil o por lo menos extraña, referente a la identificación tan total entre todos los miembros de un cuerpo combatiente, que el concepto yo había desaparecido totalmente para dar lugar al concepto nosotros. Era una realmente era (y es lindo poder sentir esa remoción de nosotros.

(Las manchas no son lágrimas de sangre, sino jugo de tomate.)

Un profundo error tuyo es creer que de la moderación o el «moderado egoísmo» es de donde salen inventos mayúsculos u obras maestras de arte. Para toda obra grande se necesita pasión y para la revolución se necesita pasión y audacia en grandes dosis, cosas que tenemos como conjunto humano. Otra cosa rara que te noto es la repetida cita de Tata Dios, espero que no vuelvas a tu redil juvenil. También prevengo que la serie de SOS que lanzaron no sirve para nada: Petit se cagó, Lezica escurrió el bulto y le dio a Hilda (que fue contra mis órdenes) un sermón sobre las obligaciones del asilado político. Raúl Lynch se portó bien, desde lejos, y Padilla Nervo dijo que eran ministerios distintos. Todos podían ayudar pero a condición de que abjurara de mis ideales, no creo de vos que prefieras un hijo vivo y Barrabás a un hijo muerto en cualquier lugar cumpliendo con lo que él considere su deber. Las tratativas de ayuda no hacen más que poner en aprietos a ellos y a mí.

[Pero tenés aciertos (por lo menos para mi manera de ver las cosas) y el mayor de ellos es el asunto del cohete interplanetario; palabra que me gustaría.] Además es cierto que después de deshacer entuertos en Cuba me iré a otro lado cualquiera y es cierto también que encerrado en el cuadro de una oficina burocrática o en una clínica de enfermedades alérgicas estaría jodido. Con todo, me parece que ese dolor, dolor de madre que entra en la vejez y que quiere a su hijo vivo, es lo respetable, lo que tengo obligación de atender y lo que además tengo ganas de atender, y me gustaría verte no sólo para consolarte, sino para consolarme de mis esporádicas e inconfesables añoranzas.

Vieja, te besa y te promete su presencia si no hay novedad.

Tu hijo,

el CHE

segunda parte: *de la lucha*

Se reproducen pasajes que expresan su convicción de participar en la lucha de liberación en Cuba, sus motivaciones y sobre todo sus proyecciones futuras como preludio a su determinación de combatir para alcanzar la emancipación del Tercer Mundo.

De su profunda sensibilidad hablan las semblanzas que les dedicara a compañeros caídos en la lucha.

Una revolución que comienza*

La historia de la agresión militar que se consumó el 10 de marzo de 1952 —golpe incruento dirigido por Fulgencio Batista— no empieza, naturalmente, el mismo día del cuartelazo. Sus antecedentes habría que buscarlos muy atrás en la historia de Cuba: mucho más atrás que la intervención del embajador norteamericano Summer Welles, en el año 1933; más atrás aún que la Enmienda Platt, del año 1901; más atrás que el desembarco del héroe Narciso López, enviado directo de los anexionistas norteamericanos, hasta llegar a la raíz del tema en los tiempos de John Quincy Adams, quien a principios del siglo dieciocho anunció la constante de la política de su país respecto a Cuba: una manzana que, desgajada de España, debía caer fatalmente en manos del Uncle Sam. Son eslabones de una larga cadena de agresiones continentales que no se ejercen solamente sobre Cuba.

Esta marea, este fluir y refluir del oleaje imperial, se marca por las caídas de gobiernos democráticos o por el surgimiento de nuevos gobiernos ante el empuje incontenible de las multitudes. La historia tiene características parecidas en toda América Latina: los gobiernos dictatoriales representan una pequeña minoría y suben por un

---

* Publicado originalmente en la revista *O´Cruceiro* el 16 de junio, 1ro. y 16 de julio de 1959; y en el periódico cubano *Revolución*, el 9 de julio de 1959.

golpe de estado; los gobiernos democráticos de amplia base popular ascienden laboriosamente y, muchas veces, antes de asumir el poder, ya están estigmatizados por la serie de concesiones previas que han debido hacer para mantenerse. Y, aunque la Revolución cubana marca, en ese sentido, una excepción en toda América, era preciso señalar los antecedentes de todo este proceso, pues el que esto escribe, llevado y traído por las olas de los movimientos sociales que convulsionan a América, tuvo oportunidad de conocer, debido a estas causas, a otro exilado americano: a Fidel Castro.

Lo conocí en una de esas frías noches de México, y recuerdo que nuestra primera discusión versó sobre política internacional. A las pocas horas de la misma noche —en la madrugada— era yo uno de los futuros expedicionarios. Pero me interesa aclarar cómo y por qué conocí en México al actual Jefe de Gobierno en Cuba. Fue en el reflujo de los gobiernos democráticos en 1954, cuando la última democracia revolucionaria americana que se mantenía en pie en esta área —la de Jacobo Árbenz Guzmán[1]— sucumbía ante la agresión meditada, fría, llevada a cabo por los Estados Unidos de Norteamérica tras la cortina de humo de su propaganda continental. Su cabeza visible era el Secretario de Estado, Foster Dulles, que por rara coincidencia también era abogado y accionista de United Fruit Company, la principal empresa imperialista existente en Guatemala.

De allí regresaba uno en derrota, unido por el dolor a todos los guatemaltecos, esperando, buscando la forma de rehacer un porvenir para aquella patria angustiada. Y Fidel venía a México a buscar un terreno neutral donde preparar a sus hombres para el gran impulso. Ya se había producido una escisión interna, luego del asalto al cuartel Moncada, en Santiago de Cuba, separándose todos los de ánimo flojo, todos los que por uno u otro motivo se incorporaron a partidos políticos o grupos revolucionarios, que exigían menos sacrificio. Ya las nuevas promociones ingresaban en las flamantes filas del llamado

---

[1]   Jacobo Árbenz Guzmán (1914-1971). Presidente de la República de Guatemala de 1952-1954, fue derrocado por un golpe de Estado organizado por la CIA.

«Movimiento 26 de Julio»,[2] fecha que marcaba el ataque al cuartel Moncada, en 1953. Empezaba una tarea durísima para los encargados de adiestrar a esa gente, en medio de la clandestinidad imprescindible en México, luchando contra el gobierno mexicano, contra los agentes del FBI norteamericano y los de Batista, contra estas tres combinaciones que se conjugaban de una u otra manera, y donde mucho intervenía el dinero y la venta personal. Además, había que luchar contra los espías de Trujillo, contra la mala selección hecha del material humano —sobre todo en Miami— y, después de vencer todas estas dificultades, debíamos lograr algo importantísimo: salir... y, luego... llegar, y lo demás que, en ese momento, nos parecía difícil. Hoy aquilatamos lo que aquello costó en esfuerzos, en sacrificios y vidas.

Fidel Castro, auxiliado por un pequeño equipo de íntimos, se dio con toda su vocación y su extraordinario espíritu de trabajo a la tarea de organizar las huestes armadas que saldrían hacia Cuba. Casi nunca dio clases de táctica militar, porque el tiempo le resultaba corto para ello. Los demás pudimos aprender bastante con el general Alberto Bayo. Mi impresión casi instantánea, al escuchar las primeras clases, fue la posibilidad de triunfo que veía muy dudosa al enrolarme con el comandante rebelde, al cual me ligaba, desde el principio, un lazo de romántica simpatía aventurera y la consideración de que valía la pena morir en una playa extranjera por un ideal tan puro.

Así fueron pasando varios meses. Nuestra puntería empezó a perfilarse y salieron los maestros tiradores. Hallamos un rancho en México, donde bajo la dirección del general Bayo —estando yo como jefe de personal— se hizo el último apronte, para salir en marzo de 1956. Sin embargo, en esos días dos cuerpos policíacos mexicanos, ambos pagados por Batista, estaban a la caza de Fidel Castro, y uno de ellos tuvo la buenaventura económica de detenerle, cometiendo el absurdo error —también económico— de no matarlo, después de

---

[2] El Movimiento 26 de Julio (M-26-7) fue fundado a mediados de 1955 por Fidel y sus compañeros. Se organizó en células clandestinas a través de todo el país, y en el exterior contra la tiranía de Batista.

hacerlo prisionero. Muchos de sus seguidores cayeron en pocos días más; también cayó en poder de la policía nuestro rancho, situado en las afueras de la ciudad de México y fuimos todos a la cárcel.

Aquello demoró el inicio de la última parte de la primera etapa. Hubo quienes estuvieron en prisión cincuenta y siete días, contados uno a uno, con la amenaza perenne de la extradición sobre nuestras cabezas (somos testigos el comandante Calixto García y yo). Pero, en ningún momento perdimos nuestra confianza personal en Fidel Castro. Y es que Fidel tuvo algunos gestos que, casi podríamos decir, comprometían su actitud revolucionaria en pro de la amistad. Recuerdo que le expuse específicamente mi caso: un extranjero, ilegal en México, con toda una serie de cargos encima. Le dije que no debía de manera alguna pararse por mí la revolución, y que podía dejarme; que yo comprendía la situación y que trataría de ir a pelear desde donde me lo mandaran y que el único esfuerzo debía hacerse para que me enviaran a un país cercano y no a la Argentina. También recuerdo la respuesta tajante de Fidel: «Yo no te abandono». Y así fue, porque hubo que distraer tiempo y dinero preciosos para sacarnos de la cárcel mexicana. Esas actitudes personales de Fidel con la gente que aprecia son la clave del fanatismo que crea a su alrededor, donde se suma a una adhesión de principios, una personal, que hace de este Ejército Rebelde un bloque indivisible.

Pasaron los días, trabajando en la clandestinidad, escondiéndonos donde podíamos, rehuyendo en lo posible toda presencia pública, casi sin salir a la calle. Pasados unos meses, nos enteramos de que había un traidor en nuestras filas, cuyo nombre no conocíamos, y que había vendido un cargamento de armas. Sabíamos también que había vendido el yate y un transmisor, aunque todavía no estaba hecho el «contrato legal» de la venta. Esta primera entrega sirvió para demostrar a las autoridades cubanas que, efectivamente, el traidor conocía nuestras interioridades. Fue también lo que nos salvó, al demostrarnos lo mismo. Una actividad febril hubo de ser desarrollada a partir de ese momento: el *Granma* fue acondicionado a una velocidad extraordinaria; se amontonaron cuantas vituallas conseguimos, bien pocas por cierto, y uniformes, rifles, equipos, dos fusiles antitanques casi sin balas. En fin, el 25 de noviembre de 1956, a las dos de la madrugada, empezaban a hacerse realidad las frases de Fidel, que habían servido de mofa a la prensa oficialista: «En el año 1956 seremos libres o seremos mártires.»

Salimos, con las luces apagadas, del puerto de Tuxpan en medio de un hacinamiento infernal de materiales de toda clase y de hombres. Teníamos muy mal tiempo y, aunque la navegación estaba prohibida, el estuario del río se mantenía tranquilo. Cruzamos la boca del puerto yucateco, y a poco más, se encendieron las luces. Empezamos la búsqueda frenética de los antihistamínicos contra el mareo, que no aparecían; se cantaron los himnos nacional cubano y del 26 de Julio, quizá durante cinco minutos en total, y después el barco entero presentaba un aspecto ridículamente trágico: hombres con la angustia reflejada en el rostro, agarrándose el estómago. Unos con la cabeza metida dentro de un cubo y otros tumbados en las más extrañas posiciones, inmóviles y con las ropas sucias por el vómito. Salvo dos o tres marinos y cuatro o cinco personas más, el resto de los ochenta y dos tripulantes se marearon. Pero al cuarto o quinto día el panorama general se alivió un poco. Descubrimos que la vía de agua que tenía el barco no era tal, sino una llave de los servicios sanitarios abierta. Ya habíamos botado todo lo innecesario, para aligerar el lastre.

La ruta elegida comprendía una vuelta grande por el sur de Cuba, bordeando Jamaica, las islas del Gran Caimán, hasta el desembarco en algún lugar cercano al pueblo de Niquero, en la provincia de Oriente. Los planes se cumplían con bastante lentitud: el día 30 oímos por radio la noticia de los motines de Santiago de Cuba que había provocado nuestro gran Frank País, considerando sincronizarlos con el arribo de la expedición. Al día siguiente, primero de diciembre, en la noche, poníamos la proa en línea recta hacia Cuba, buscando desesperadamente el faro de Cabo Cruz, carentes de agua, petróleo y comida. A las dos de la madrugada, con una noche negra, de temporal, la situación era inquietante. Iban y venían los vigías buscando la estela de luz que no aparecía en el horizonte. Roque, ex teniente de la marina de guerra, subió una vez más al pequeño puente superior, para atisbar la luz del Cabo, y perdió pie, cayendo al agua. Al rato de reiniciada la marcha, ya veíamos la luz, pero, el asmático caminar de nuestra lancha hizo interminables las últimas horas del viaje. Ya de día arribamos a Cuba por el lugar conocido por Belic, en la playa de Las Coloradas.

Un barco de cabotaje nos vio, comunicando telegráficamente el hallazgo al ejército de Batista. Apenas bajamos, con toda premura y llevando lo imprescindible, nos introducimos en la ciénaga, cuando fuimos atacados por la aviación enemiga. Naturalmente, caminando por los pantanos cubiertos de manglares no éramos vistos ni hostilizados por la aviación, pero ya el ejército de la dictadura andaba sobre nuestros pasos.

Tardamos varias horas en salir de la ciénaga, a donde la impericia e irresponsabilidad de un compañero que se dijo conocedor nos arrojara. Quedamos en tierra firme, a la deriva, dando traspiés, constituyendo un ejército de sombras, de fantasmas, que caminaban como siguiendo el impulso de algún oscuro mecanismo psíquico. Habían sido siete días de hambre y de mareo continuos durante la travesía, sumados a tres días más, terribles, en tierra. A los diez días exactos de la salida de México, el 5 de diciembre de madrugada, después de una marcha nocturna interrumpida por los desmayos y las fatigas y los descansos de la tropa, alcanzamos un punto conocido paradójicamente por el nombre de Alegría de Pío. Era un pequeño cayo de monte, ladeando un cañaveral por un costado y por otros abierto a unas abras, iniciándose más lejos el bosque cerrado. El lugar era mal elegido para campamento pero hicimos un alto para pasar el día y reiniciar la marcha en la noche inmediata.

Entrevista de Jorge Ricardo Masetti en la Sierra Maestra (1957)*

Cuando desperté estaba decepcionado. Había dormido plácidamente hasta las cinco y en ningún momento escuché metralla. Los guardias habían hecho una corta incursión, pero regresaron de inmediato a su cuartel al enterarse de que el Che no se encontraba en La Otilia y que estaría tendiéndoles alguna emboscada.

[...]

Guevara llegó a las seis. Mientras yo observaba admirado a un grupo de muchachos que se preocupaba insólitamente en hacer algo que yo hacía mucho tiempo había dejado de practicar: lavarse la cara, comenzaron a llegar desde distintos lados, grupos de rebeldes sudados, cargados con su mochila ligera y su pesado armamento. Los bolsillos estaban hinchados de balas y las cananas se cruzaban sobre el pecho dejado sin protección por una camisa sin botones.

Era la gente que había tendido la noche anterior una emboscada a la tropa de Sánchez Mosquera y volvía cansada, con sueño y con las ganas contenidas de trenzarse con los guardias del odiado coronel.

---

* Fragmento tomado de su libro *Los que luchan y los que lloran*, 1959.

A poco llegó Ernesto Guevara: Venía montado en un mulo, con las piernas colgando y la espalda encorvada prolongada en los caños de una beretta y de un fusil con mira telescópica, como dos palos que sostuviesen el armazón de su cuerpo aparentemente grande.

Cuando el mulo se fue acercando pude ver que le colgaba de la cintura una canana de cuero colmada de cargadores y una pistola. De los bolsillos de la camisa asomaban dos magazines, del cuello colgaba una cámara de fotos y del mentón anguloso algunos pelos que querían ser barbas.

Bajó del mulo con toda calma, asentándose en la tierra con unas botas enormes y embarradas, y mientras se acercaba a mí calculé que mediría un metro setenta y ocho y que el asma que padecía no debía crearle ninguna inhibición.

[...]

El famoso Che Guevara me parecía un muchacho argentino típico de clase media, y también me parecía una caricatura rejuvenecida de Cantinflas.

Me invitó a desayunar con él y comenzamos a comer casi sin hablar.

Las primeras preguntas fueron, lógicamente, de él. Y, lógicamente también, se refirieron a la política argentina.

Mis respuestas parecieron satisfacerle y a poco de hablar nos dimos cuenta que coincidíamos en muchas cosas y que no éramos dos sujetos peligrosos. Pronto hablamos sin muchas reservas —algunas manteníamos, como buenos argentinos de la misma generación— y comenzamos a tuteamos.

Un soldado guajiro que trataba de escucharnos hizo soltar a Guevara un comentario humorístico sobre la gracia que les causaba a los cubanos nuestra manera de hablar y la risa mutua nos unió casi de inmediato en un diálogo menos reticente.

Entonces le manifesté los motivos de mi viaje a Sierra Maestra. El deseo de esclarecer, primero que nada ante mí mismo, que clase de revolución era la que se libraba en Cuba desde hacia 17 meses; a quien respondía; cómo era posible que se mantuviese durante tanto tiempo sin el apoyo de alguna nación extranjera; por que el pueblo de Cuba no terminaba de derribar a Batista, si realmente estaba con los revolucionarios, y decenas de preguntas más, muchas de las cuales ya tenían respuesta en mi convicción, luego del viaje hasta La Otilia. Luego de sentir de cerca el terror de las ciudades y la metralla de los montes; luego de ver a guerrilleros desarmados participar en emboscadas suicidas para hacerse de un arma con la que pelear realmente; luego de escuchar explicar a los campesinos analfabetos, cada uno a su manera, pero claramente, por qué luchaban; luego de darme cuenta de que no estaba entre un ejército fanatizado capaz de tolerar cualquier actitud de sus jefes, sino entre un grupo de hombres conscientes de que cualquier desvío de la línea honesta que tanto los enorgullece significaría el fin de todo y la nueva rebelión.

Pero yo, pese a todo eso, desconfiaba. Me negaba a dejarme arrastrar por entero por mi simpatía hacia los campesinos combatientes, mientras no escrutase con la mayor severidad las ideas de quienes los conducían. Me negaba a admitir definitivamente que algún consorcio yanqui no estuviese empeñado en apoyar a Fidel Castro, pese a que los aviones a reacción que la misión aeronáutica norteamericana había entregado a Batista, habían ametrallado varias veces el lugar en donde me encontraba.

Mi primera pregunta concreta a Guevara, el joven médico argentino metido a comandante héroe y hacedor de una revolución que no tenía nada que ver con su patria fue:

—¿Por qué estás aquí?

Él había encendido su pipa y yo mi tabaco y nos acomodamos para una conversación que sabíamos larga. Me contestó con su tono tranquilo, que los cubanos creían argentino y que yo calificaba como una mezcla de cubano y mexicano:

—Estoy aquí, sencillamente, porque considero que la única forma de liberar a América de dictadores es derribándolos. Ayudando a su caída de cualquier forma. Y cuanto más directa, mejor.

—¿Y no temés que se pueda calificar tu intervención en los asuntos internos de una patria que no es la tuya, como una intromisión?

—En primer lugar, yo considero mi patria no solamente a la Argentina, sino a toda América. Tengo antecedentes tan gloriosos como el de Martí y es precisamente en su tierra en donde yo me atengo a su doctrina. Además, no puedo concebir que se llame intromisión al darme personalmente, al darme entero, al ofrecer mi sangre por una causa que considero justa y popular, al ayudar a un pueblo a liberarse de una tiranía, que si admite la intromisión de una potencia extranjera que le ayuda con armas, con aviones, con dinero y con oficiales instructores. Ningún país hasta ahora ha denunciado la intromisión norteamericana en los asuntos cubanos ni ningún diario, acusa a los yanquis de ayudar a Batista a masacrar a su pueblo. Pero muchos se ocupan de mí. Yo soy el extranjero entremetido que ayuda a los rebeldes con su carne y su sangre. Los que proporcionan las armas para una guerra interna no son entremetidos. Yo sí.

[...]

En realidad, después de la experiencia vivida a través de mis caminatas por toda Latinoamérica y del remate de Guatemala, no hacía falta mucho para incitarme a entrar en cualquier revolución contra un tirano, pero Fidel me impresionó como un hombre extraordinario. Las cosas más imposibles eran las que encaraba y resolvía. Tenía una fe excepcional en que una vez que saliese hacia Cuba, iba a llegar. Que una vez llegado iba a pelear. Y que peleando, iba a ganar. Compartí su optimismo. Había que hacer, que luchar, que concretar. Que dejar de llorar y pelear. Y para demostrarle al pueblo de su patria que podía tener fe en él, porque lo que decía lo hacía, lanzó su famoso: «En el 56 o seremos libres o seremos mártires» y anunció que antes de terminar ese año iba desembarcar en un lugar de Cuba al frente de su ejército expedicionario.

[...]

—Qué tipo, este Fidel. Vos sabes que aprovechó el ruido de la metralla para ponerse de pie y decirnos: «Oigan como nos tiran. Están aterrorizados. Nos temen porque saben que vamos a acabar con ellos». Y sin decir una palabra más, cargó con su fusil y su mochila y encabezó nuestra corta caravana. Íbamos en busca del Turquino, el monte más alto y el más inaccesible de la Sierra, en el cual fijamos nuestro primer campamento. Los campesinos nos miraban pasar sin ninguna cordialidad. Pero Fidel no se alteraba. Los saludaba sonriendo y lograba a los pocos minutos entablar una conversación más o menos amistosa. Cuando nos negaban comida, seguíamos nuestra marcha sin protestar. Poco a poco el campesinado fue advirtiendo que los barbudos que andábamos «alzados», constituíamos precisamente todo lo contrario de los guardias que nos buscaban. Mientras el ejército de Batista se apropiaba de todo cuanto le conviniese de los bohíos —hasta las mujeres, por supuesto— la gente de Fidel Castro respetaba las propiedades de los guajiros y pagaba generosamente todo cuanto consumía. Nosotros notábamos no sin asombro, que los campesinos se desconcertaban ante nuestro modo de actuar. Estaban acostumbrados al trato del ejército batistiano. Poco a poco se fueron haciendo verdaderos amigos y a medida que librábamos encuentros con los grupos de guardias que podíamos sorprender en las sierras, muchos manifestaban su deseo de unirse a nosotros.

[...]

Le recordé a Guevara mi intención de encontrarme lo antes posible con Fidel Castro, para grabar mi reportaje y luego regresar hasta la planta para tratar de transmitirlo directamente a Buenos Aires. En pocos minutos se me encontró un guía que conocía la zona de Jibacoa, en donde probablemente estaría operando Fidel y un mulo más o menos fuerte y sin demasiadas mataduras.

—Tenés que salir ahora mismo —me explicó Guevara— para llegar no muy tarde al primer campamento y mañana a la mañana seguís hasta Las Mercedes. Ahí quizá te puedan decir por dónde anda Fidel. Si tenés suerte, en tres días podés ubicarlo.

Monté en el mulo y me despedí de todos, comprometiendo a Guevara para encontrarnos en La Mesa unos días después cuando yo regresase con el reportaje grabado. Le entregué a Llibre varios rollos de fotos ya usados y dos cintas magnetofónicas, para que las guardase en la planta transmisora.

Era cerca del mediodía y el cerdo comenzaba a freír de nuevo, pasado el susto de la avioneta. El olor a grasa que tanto me descomponía al principio, me pareció delicioso. Mi estómago comenzaba a sentir la ofensiva del aire purísimo de la Sierra Maestra. Sorí Marín me acercó media docena de bananas que esta vez —nunca me pude enterar por qué— se llamaban malteños.

Guevara recomendó al guía mucho cuidado, al acercarnos a Las Minas.

—Es el primer compatriota que veo en mucho tiempo —gritó riendo— y quiero que dure por lo menos hasta que envíe el reportaje a Buenos Aires.

—Chau —saludé de lejos.

Y como treinta voces contestaron a los gritos y riendo, como si acabase de hacer el saludo más cómico que pueda concebirse...

Semblanzas

Ciro Redondo*

De la lejana Artemisa, en el extremo opuesto de la isla, llegó un 26 de julio al Moncada, Ciro Redondo. Venía con un grupo de combatientes dirigidos por Fidel a retar a la tiranía en su terreno: el de la fuerza. El pueblo había perdido la fe en las decisiones pacíficas e iniciaba el largo camino de la revolución que hoy entra en su fase culminante.

Acompañó luego al jefe en sus largos días de cárcel de Isla de Pinos y en los preparativos de México. Vino entre los 82 del *Granma* como soldado y escaló sin grados hasta capitán en nuestra ruda lucha que cumplía un año 5 días después de su muerte.

Se distinguió por su fe inquebrantable y su fidelidad total a la revolución y fue un soldado distinguido entre los distinguidos; siempre de cara al peligro, siempre en el primer lugar de combate donde lo encontró la muerte, a la cabeza de su pelotón, cuando sólo contaba 26 años de edad.

Por el perenne sendero de la historia, el que sólo cubren los elegidos, se va Ciro Redondo, amigo sin par, revolucionario sin tacha.

---

* Publicada en el periódico *El Cubano Libre*, creado por el Che en la Sierra Maestra.

En el bronce que eternice la victoria final, habrá que plasmar como recuerdo la mirada de águila de este Capitán del pueblo. Será justicia.

Lidia y Clodomira*

Conocí a Lidia, apenas a unos seis meses de iniciada la gesta revolucionaria. Estaba recién estrenado como comandante de la Cuarta Columna y bajábamos, en una incursión relámpago, a buscar víveres al pueblecito de San Pablo de Yao, cerca de Bayamo, en las estribaciones de la Sierra Maestra. Una de las primeras casas de la población pertenecía a una familia de panaderos. Lidia, mujer de unos cuarenta y cinco años, era uno de los dueños de la panadería. Desde el primer momento, ella, cuyo único hijo había pertenecido a nuestra columna, se unió entusiastamente y con una devoción ejemplar a los trabajos de la Revolución.

Cuando evoco su nombre, hay algo más que una apreciación cariñosa hacia la revolucionaria sin tacha, pues tenía ella una devoción particular por mi persona que la conducía a trabajar preferentemente a mis órdenes, cualquiera que fuera el frente de operaciones al cual yo fuera asignado. Incontables son los hechos en que Lidia intervino en calidad de mensajera especial, mía o del Movimiento. Llevó a Santiago de Cuba y a La Habana los más comprometedores papeles, todas las comunicaciones de nuestra columna, los números del periódico *El Cubano Libre*; traía también el papel, traía medicinas, traía, en fin, lo que fuera necesario, y todas las veces que fuera necesario.

Su audacia sin límites hacía que los mensajeros varones eludieran su compañía. Recuerdo siempre las apreciaciones, entre administrativas y ofuscadas, de uno de ellos que me decía: «Esa mujer tiene más... que Maceo, pero nos va a hundir a todos; las cosas que

---

* Publicado originalmente con el título «Lidia», en la revista *Humanismo*, enero-abril de 1959 e incorporado posteriormente a *Pasajes de la guerra revolucionaria*, edición de 1970.

hace son de loco, este momento no es de juego.» Lidia, sin embargo, seguía cruzando una y otra vez las líneas enemigas.

Me trasladaron a la zona de la Mina del Frío, en las Vegas de Jibacoa, y allí fue ella dejando el campamento auxiliar del cual había sido jefa, durante un tiempo, y a los hombres a los que mandó gallardamente y, hasta un poco, tiránicamente, provocando cierto resquemor entre los cubanos no acostumbrados a estar bajo el mando de una mujer. Ese puesto era el más avanzado de la Revolución, situado en un lugar denominado la Cueva, entre Yao y Bayamo. Hube de quitarle el mando porque era una posición demasiado peligrosa y, después de localizada, eran muchas las veces que los muchachos tenían que salir a punta de bala de ese lugar. Traté de quitarla definitivamente de allí pero sólo lo conseguí cuando me siguió al nuevo frente de combate.

Entre las anécdotas demostrativas del carácter de Lidia recuerdo ahora el día en que murió un gran combatiente imberbe de apellido Geilín, de Cárdenas. Este muchacho integraba nuestra avanzada en el campamento cuando Lidia estaba allí. Al ella ir hacia el mismo, retornando de una misión, vio a los guardias que avanzaban sigilosamente sobre el puesto, respondiendo sin duda a algún «chivatazo». La reacción de Lidia fue inmediata; sacó su pequeño revólver 32 para dar la alarma con un par de tiros al aire; manos amigas se lo impidieron a tiempo, pues les hubiera costado la vida a todos; sin embargo, los soldados avanzaron y sorprendieron la posta del campamento. Guillermo Geilín se defendió bravamente hasta que, herido dos veces, sabiendo lo que le pasaría después si caía vivo en manos de los esbirros, se suicidó. Los soldados llegaron, quemaron lo que había quemable y se fueron. Al día siguiente encontré a Lidia. Su gesto indicaba la más grande desesperación por la muerte del pequeño combatiente y también la indignación contra la persona que le había impedido dar la alarma. A mí me mataban, decía, pero se hubiera salvado el muchacho; yo, ya soy vieja, él no tenía 20 años. Ese era el tema central de sus conversaciones. A veces parecía que había un poco de alarde en su continuo desprecio verbal por la muerte, sin embargo, todos los trabajos encomendados eran cumplidos a perfección. Ella conocía cómo me gustaban los cachorros y siempre estuvo prometiéndome traer uno de La Habana sin poder cumplir su promesa. En los días de la gran ofensiva del ejército, llevó Lidia, a cabalidad, su misión. Entró y salió de la Sierra, trajo y llevó documentos importantísimos, estableciendo nuestras conexiones con el mundo exterior. La acompañaba otra combatiente de su estirpe, de quien no recuerdo más que el nombre, como casi todo el Ejército Rebelde que la conoce y la venera: Clodomira. Lidia y Clodomira ya se habían hecho inseparables compañeras de peligro, iban y venían juntas de un lado a otro.

Había ordenado a Lidia que, apenas llegada a Las Villas, después de la invasión, se pusiera en contacto conmigo, pues debía ser el principal medio de comunicación con La Habana y con la Comandancia General de la Sierra Maestra. Llegué, y a poco encontramos su carta en la cual me anunciaba que me tenía un cachorro listo para regalármelo y que me lo traería en el próximo viaje. Ese fue el viaje que Lidia y Clodomira nunca realizaron. A poco me enteré que la debilidad de un hombre, cien veces inferior como hombre, como combatiente, como revolucionario o como persona, había permitido la localización de un grupo entre los que estaban Lidia y Clodomira. Nuestros compañeros se defendieron hasta la muerte; Lidia estaba herida cuando la llevaron. Sus cuerpos han desaparecido; están durmiendo su último sueño, Lidia y Clodomira sin duda juntas como juntas lucharon en los últimos días de la gran batalla por la libertad.

Tal vez algún día se encuentren sus restos en algún albañal o en algún campo solitario de este enorme cementerio que fue la isla entera. Sin embargo, dentro del Ejército Rebelde, entre los que pelearon y se sacrificaron en aquellos días angustiosos, vivirá eternamente la memoria de las mujeres que hacían posible con su riesgo cotidiano las comunicaciones por toda la isla, y, entre todas ellas, para nosotros, para los que estuvimos en el Frente número 1 y, personalmente, para mí, Lidia ocupa un lugar de preferencia. Por eso hoy vengo a dejar en homenaje estas palabras de recuerdo, como una modesta flor, ante la tumba multitudinaria que abrió sus miles de bocas en nuestra isla otrora alegre.

tercera parte:
de la revolución cubana

Por lo extenso y abarcador de los discursos y escritos comprendidos entre 1959-1965, se determinó subdividir esta parte en dos aspectos determinantes: la transición socialista y sus retos en Cuba y la política exterior.

El primero de ellos por contener en sí sus mayores aportes en lo teórico y lo práctico, sus agudas críticas al socialismo existente, el debate económico acerca de la transición socialista y sobre todo por el legado de su ejemplo.

Con relación a la política exterior diseñada por y para los nuevos tiempos de revolución se destaca el papel desempeñado por el Che, su carácter renovador y polémico y su dimensión de diplomático de «nuevo tipo».

Retos de la transición socialista

Notas para el estudio de la ideología de la Revolución cubana*

Es esta una Revolución singular que algunos han creído que no se ajusta a una de las premisas de lo más ortodoxo del movimiento revolucionario, expresada por Lenin así: «sin teoría revolucionaria no hay movimiento revolucionario». Convendría decir que la teoría revolucionaria, como expresión de una verdad social, está por encima de cualquier enunciado; es decir, que la Revolución puede hacerse si se interpreta correctamente la realidad histórica y se utilizan correctamente las fuerzas que intervienen en ella, aún sin conocer la teoría. Es claro que el conocimiento adecuado de ésta simplifica la tarea e impide caer en peligrosos errores, siempre que esa teoría enunciada corresponda a la verdad. Además, hablando concretamente de esta Revolución, debe recalcarse que sus actores principales no eran exactamente teóricos, pero tampoco ignorantes de los grandes fenómenos sociales y los enunciados de las leyes que los rigen. Esto hizo que, sobre la base de algunos conocimientos teóricos y el

---

* Fragmento publicado el 8 de octubre de 1960 en la revista *Verde Olivo*.

profundo conocimiento de la realidad, se pudiera ir creando una teoría revolucionaria.

Lo anterior debe considerarse un introito a la explicación de este fenómeno curioso que tiene a todo el mundo intrigado: La Revolución cubana. El cómo y el por qué un grupo de hombres destrozados por un ejército enormemente superior en técnica y equipo logró ir sobreviviendo primero, hacerse fuerte luego, más fuerte que el enemigo en las zonas de batalla más tarde, emigrando hacia nuevas zonas de combate, en un momento posterior, para derrotarlo finalmente en batallas campales, pero aún con tropas muy inferiores en número, es un hecho digno de estudio en la historia del mundo contemporáneo.

Naturalmente, nosotros que a menudo no mostramos la debida preocupación por la teoría, no venimos hoy a exponer, como dueños de ella, la verdad de la Revolución cubana; simplemente tratamos de dar las bases para que se pueda interpretar esta verdad. De hecho, hay que separar en la Revolución cubana dos etapas absolutamente diferentes: la de la acción armada hasta el primero de Enero de 1959; la transformación política, económica y social de ahí en adelante.

Aún estas dos etapas merecen subdivisiones sucesivas, pero no las tomaremos desde el punto de vista de la exposición histórica, sino desde el punto de vista de la evolución del pensamiento revolucionario de sus dirigentes a través del contacto con el pueblo. Incidentalmente, aquí hay que introducir una postura general frente a uno de los más controvertidos términos del mundo actual: el marxismo. Nuestra posición cuando se nos pregunta si somos marxistas o no, es la que tendría un físico al que se le preguntara si es «newtoniano», o un biólogo si es «pasteuriano».

Hay verdades tan evidentes, tan incorporadas al conocimiento de los pueblos que ya es inútil discutirlas. Se debe ser «marxista» con la misma naturalidad con que se es «newtoniano» en física, o «pasteuriano» en biología, considerando que si nuevos hechos determinan nuevos conceptos, no se quitará nunca su parte de verdad a aquellos otros que hayan pasado. Tal es el caso, por ejemplo, de la relatividad «einsteniana» o de la teoría de los «quanta» de Planck con respecto a los descubrimientos de Newton; sin embargo, eso no quita absolutamente nada de su grandeza al sabio inglés. Gracias a Newton es que pudo avanzar la física hasta lograr los nuevos conceptos del espacio. El sabio inglés es el escalón necesario para ello.

A Marx, como pensador, como investigador de las doctrinas sociales y del sistema capitalista que le tocó vivir, puede, evidentemente, objetársele ciertas incorrecciones. Nosotros, los latinoamericanos, podemos, por ejemplo, no estar de acuerdo con su interpretación de Bolívar o con el análisis que hicieran Engels y él de los mexicanos, dando por sentadas incluso ciertas teorías de las razas o las nacionalidades inadmisibles hoy. Pero los grandes hombres descubridores de verdades luminosas, viven a pesar de sus pequeñas faltas, y estas sirven solamente para demostrarnos que son humanos, es decir, seres que pueden incurrir en errores, aún con la clara conciencia de la altura alcanzada por estos gigantes de pensamiento. Es por ello que reconocemos las verdades esenciales del marxismo como incorporadas al acervo cultural y científico de los pueblos y los tomamos con la naturalidad que nos da algo que ya no necesita discusión.

Los avances en la ciencia social y política, como en otros campos, pertenecen a un largo proceso histórico cuyos eslabones se encadenan, se suman, se aglutinan y se perfeccionan constantemente. En el principio de los pueblos, existía una matemática china, árabe o hindú; hoy la matemática no tiene fronteras. Dentro de su historia cabe un Pitágoras griego, un Galileo italiano, un Newton inglés, un Gauss alemán, un Lovachevki ruso, un Einstein, etc.

Así en el campo de las ciencias sociales y políticas, desde Demócrito hasta Marx, una larga serie de pensadores fueron agregando sus investigaciones originales y acumulando un cuerpo de experiencias y de doctrinas.

El mérito de Marx es que produce de pronto en la historia del pensamiento social un cambio cualitativo; interpreta la historia, comprende su dinámica, prevé el futuro, pero, además de preverlo, donde acabaría su obligación científica, expresa un concepto revolucionario: no solo hay que interpretar la naturaleza, es preciso transformarla. El hombre deja de ser esclavo e instrumento del medio y se convierte en arquitecto de su propio destino. En este momento, Marx empieza a colocarse en una situación tal, que se constituye en el blanco obligado de todos los que tienen interés especial en mantener lo viejo, como antes le pasara a Demócrito, cuya obra fue quemada por el propio Platón y sus discípulos ideólogos de la aristocracia esclavista ateniense.

A partir de Marx revolucionario, se establece un grupo político con ideas concretas que, apoyándose en los gigantes, Marx y Engels, y desarrollándose a través de etapas sucesivas, con personalidades como Lenin, Mao Tse-tung y los nuevos gobernantes soviéticos y chinos, establecen un cuerpo de doctrina y, digamos, ejemplos a seguir.

La Revolución cubana toma a Marx donde éste dejara la ciencia para empuñar su fusil revolucionario; y lo toma allí, no por espíritu de revisión, de luchar contra lo que sigue a Marx, de revivir a Marx «puro», sino, simplemente, porque hasta allí Marx, el científico colocado fuera de la historia, estudiaba y vaticinaba. Después Marx revolucionario, dentro de la historia, lucharía. Nosotros, revolucionarios prácticos, iniciando nuestra lucha simplemente cumplíamos leyes previstas por Marx el científico y por ese camino de rebeldía, al luchar contra la vieja estructura del poder, al apoyarnos en el pueblo para destruir esa estructura y, al tener como base de nuestra lucha la felicidad de ese pueblo, estamos simplemente ajustándonos a las predicciones del científico Marx. Es decir, y es bueno puntualizarlo una vez más, las leyes del marxismo están presentes en los acontecimientos de la Revolución cubana, independientemente de que sus líderes profesen o conozcan cabalmente, desde un punto de vista teórico, esas leyes.

Para mejor comprensión del movimiento revolucionario cubano, hasta el primero de enero, había que dividirlo en las siguientes etapas: antes del desembarco del *Granma*; desde el desembarco del *Granma* hasta después de las victorias de la Plata y Arroyo del Infierno; desde estas fechas basta el Uvero y la constitución de la Segunda Columna guerrillera; de allí hasta la constitución de la Tercera y Cuarta y la invasión y establecimiento del Segundo Frente; la huelga de abril y su fracaso; el rechazo de la gran ofensiva; la invasión hacia Las Villas.

Cada uno de estos pequeños momentos históricos de la guerrilla va enmarcando distintos conceptos sociales y distintas apreciaciones de la realidad cubana que fueron contorneando el pensamiento de los líderes militares de la Revolución, los que, con el tiempo reafirmaron también su condición de líderes políticos.

Antes del desembarco del *Granma* predominaba una mentalidad que hasta cierto punto pudiera llamarse subjetivista; confianza ciega en una rápida explosión popular, entusiasmo y fe en poder liquidar el poderío batistiano por un rápido alzamiento combinado con huelgas revolucionarias espontáneas y la subsiguiente caída del dictador. El movimiento era el heredero directo del Partido Ortodoxo y su lema central: «Vergüenza contra dinero». Es decir, la honradez administrativa como idea principal del nuevo gobierno cubano.

Sin embargo, Fidel Castro había anotado en *La historia me absolverá*, las bases que han sido casi integralmente cumplidas por la Revolución, pero que han sido también superadas por ésta, yendo hacia una mayor profundización en el terreno económico, lo que ha traído parejamente una mayor profundización en el terreno político, nacional e internacional.

[...]

Aquí acaba la insurrección, pero los hombres que llegan a La Habana después de dos años de ardorosa lucha en las sierras y los llanos de Oriente, en los llanos de Camagüey y en las montañas, los llanos y ciudades de Las Villas, no son, ideológicamente, los mismos que llegaron a las playas de Las Coloradas, o que se incorporaron en el primer momento de la lucha. Su desconfianza en el campesino se ha convertido en afecto y respeto por las virtudes del mismo; su desconocimiento total de la vida en los campos se ha convertido en un conocimiento absoluto de las necesidades de nuestros guajiros; sus coqueteos con la estadística y con la teoría han sido anulados por el férreo cemento que es la práctica.

Con la Reforma Agraria como bandera, cuya ejecución empieza en la Sierra Maestra, llegan esos hombres a toparse con el imperialismo;

saben que la Reforma Agraria es la base sobre la que va a edificarse la nueva Cuba; saben también que la Reforma Agraria dará tierra a todos los desposeídos pero desposeerá a los injustos poseedores; y saben que los más grandes de los injustos poseedores son también influyentes hombres en el Departamento de Estado o en el Gobierno de los Estados Unidos de América; pero han aprendido a vencer las dificultades con valor y con audacia y, sobre todo, con el apoyo del pueblo, y ya han visto el futuro de liberación que nos aguardaba del otro lado de los sufrimientos. Las etapas que van marcando el desenvolvimiento de esta Revolución hasta el momento actual son aplicaciones tácticas de un fin estratégico, efectuadas a medida que nos iba enseñando la práctica nuestro camino justo.

Para llegar a esta idea final de nuestras metas, se caminó mucho y se cambió bastante. Paralelos a los sucesivos cambios cualitativos ocurridos en los frentes de batalla, corren los cambios de composición social de nuestra guerrilla y también las transformaciones ideológicas de sus jefes. Porque cada uno de estos procesos, de estos cambios, constituyen efectivamente un cambio de calidad en la composición, en la fuerza, en la madurez revolucionaria de nuestro ejército. El campesino le va dando su vigor, su capacidad de sufrimiento, su conocimiento del terreno, su amor a la tierra, su hambre de Reforma Agraria. El intelectual, de cualquier tipo, pone su pequeño grano de arena empezando a hacer un esbozo de la teoría. El obrero da su sentido de organización, su tendencia innata de la reunión y la unificación. Por sobre todas estas cosas está el ejemplo de las fuerzas rebeldes que ya habían demostrado ser mucho más que una «espina irritativa» y cuya lección fue enardeciendo y levantado a las masas hasta que perdieron el miedo a los verdugos. Nunca antes, como ahora, fue para nosotros tan claro el concepto de interacción. Pudimos sentir como esa interacción iba madurando, enseñando a nosotros la eficacia de la insurrección armada, la fuerza que tiene el hombre cuando, para defenderse de otros hombres, tiene un arma en la mano y una decisión de triunfo en las pupilas; y los campesinos, mostrando las artimañas de la Sierra, la fuerza que es necesaria para vivir y triunfar en ella, y las dosis de tesón, de capacidad de sacrificio que es necesario tener para poder llevar adelante el destino de un pueblo.

Por eso, cuando bañados en sudor campesino, con un horizonte de montañas y de nubes, bajo el sol ardiente de la Isla, entraron a La Habana el jefe rebelde y su cortejo, una nueva «escalinata del jardín de invierno, subía la historia con los pies del pueblo».

Algunas reflexiones sobre la transición socialista*

[...] Marx establecía dos períodos para llegar al comunismo, el período de transición, también llamado socialismo o primer período del comunismo, y el comunismo o comunismo plenamente desarrollado. Partía de la idea que el capitalismo en su conjunto se vería abocado a una ruptura total después de alcanzar un desarrollo en el cual las fuerzas productivas chocarían con las relaciones de producción, etcétera, y entrevió ese primer período llamado socialismo al que no dedicó mucho tiempo, pero en la Crítica del Programa de Gotha, lo describe como un sistema donde ya están suprimidas una serie de categorías mercantiles, producto de que la sociedad completamente desarrollada ha pasado a la nueva etapa. Después viene Lenin, su teoría del desarrollo desigual, su teoría del eslabón más débil y la realización de esa teoría en la Unión Soviética y con ello se implanta un nuevo período no previsto por Marx. Primer período de transición o período de la construcción de la sociedad socialista, que se transforma después en sociedad socialista para pasar a ser la sociedad

---

*   Fragmento de una carta que el Che le enviara a Fidel en abril de 1965, antes de su partida al Congo, en la que precisa entre otros aspectos, sus «últimas consideraciones» sobre Política y Economía en Cuba.

comunista en definitiva. Este primer período, los soviéticos y los checos pretenden haberlo superado; creo que objetivamente no es así, desde el momento en que todavía existen una serie de propiedades privadas en la Unión Soviética y, por supuesto, en Checoslovaquia. Pero lo importante no es esto sino que la economía política de todo este período no se ha creado y, por tanto, estudiado. Después de muchos años de desarrollo de su economía en una dirección dada, convirtieron una serie de hechos palpables de la realidad soviética en presuntas leyes que rigen la vida de la sociedad socialista, creo que aquí es donde está uno de los errores más importantes. Pero el más importante, en mi concepto, se establece en el momento en que Lenin, presionado por el inmenso cúmulo de peligros y de dificultades que se cernían sobre la Unión Soviética, el fracaso de una política económica, sumamente difícil de llevar por otro lado, vuelve sobre sí y establece la NEP dando entrada nuevamente a viejas relaciones de producción capitalista. Lenin se basaba en la existencia de cinco estadios en la sociedad zarista, heredados por el nuevo estado.

Lo que es necesario destacar es una existencia claramente definida, de por lo menos dos Lenin (tal vez tres), completamente distintos: aquel cuya historia acaba específicamente en el momento en que escribe el último párrafo de El Estado y la revolución donde dice que es mucho más importante hacerla que hablar de ella y el subsiguiente en que tiene que afrontar los problemas reales. Nosotros apuntábamos que había probablemente un período intermedio de Lenin en el cual todavía no se ha retractado de todas las concepciones teóricas que guiaron su acción hasta el momento de la revolución. En todo caso, del año 21 en adelante, y hasta poco antes de su muerte, Lenin comienza la acción conducente a hacer la NEP y a llevar todo el país a las relaciones de producción que configuran lo que Lenin llamaba capitalismo de estado, pero que en realidad también puede llamarse capitalismo premonopolista en cuanto al ordenamiento de las relaciones económicas. En los últimos períodos de la vida de Lenin, leyendo con atención, se observa una gran tensión; hay una carta muy interesante al Presidente del Banco, donde se ríe de presuntas utilidades de este y hace una crítica de los pagos entre empresas y las ganancias entre empresas (papeles que pasan de un lugar a otro). Ese Lenin, agobiado también por las divisiones que ve dentro del partido desconfía del futuro. Aunque sea algo absolutamente subjetivo, me da la impresión de que si Lenin hubiera vivido para dirigir el proceso del cual era el actor principal y que tenía totalmente en las manos, hubiera ido variando con notable celeridad las relaciones que estableció la Nueva Política Económica. Muchas veces, en esa última época, se hablaba de copiar del capitalismo algunas cosas, pero en el capitalismo, en ese momento, estaban en auge algunos aspectos de la explotación tales como el taylorismo que hoy no existen; en realidad, el taylorismo no es otra cosa que el stajanovismo, trabajo a destajo simple y puro o, mejor dicho, el trabajo a destajo vestido con una serie de oropeles y ese tipo de pago fue descubierto en el primer plan de la Unión Soviética como una creación de la sociedad soviética. El hecho real es que todo el andamiaje jurídico económico de la sociedad soviética actual parte de la Nueva Política Económica; en esta se mantienen las viejas relaciones capitalistas, se mantienen las viejas categorías del capitalismo, es decir, existe la mercancía, existe, en cierta manera, la ganancia, el interés que cobran los bancos y, naturalmente, existe el interés material directo de los trabajadores. En mi concepto todo este andamiaje pertenece a lo que podríamos llamar, como ya he dicho, un capitalismo premonopolista. Todavía las técnicas de dirección y las concentraciones de capitales no eran en la Rusia zarista tan grandes como para haber permitido el desarrollo de los grandes trusts. Estaban en la época de fábricas aisladas, unidades independientes, cosa prácticamente imposible de encontrar en la industria norteamericana de hoy día, por ejemplo. Es decir, hoy, en los Estados Unidos, solamente hay tres firmas que producen automóviles: la Ford, la General Motors y el conjunto de todas las pequeñas empresas —pequeñas para el carácter de los Estados Unidos— que se unieron entre sí para tratar de sobrevivir. Nada de eso sucedía en la Rusia de aquella época, pero ¿cuál es el defecto fundamental de todo el sistema? Que limita la posibilidad del desarrollo mediante la competencia capitalista pero no liquida sus categorías ni implanta nuevas categorías de un carácter más elevado. El interés material individual era el arma capitalista por excelencia y hoy se pretende elevar a la categoría de palanca de desarrollo, pero está limitado por la existencia de una sociedad donde no se admite la explotación. En estas condiciones, el hombre no desarrolla todas sus fabulosas posibilidades productivas, ni se desarrolla él mismo como constructor consciente de la sociedad nueva.

Y para ser consecuentes con el interés material, este se establece en la esfera improductiva y en la de los servicios [...]

Esa es la justificación, tal vez, del interés material de los dirigentes, principio de la corrupción, pero de todas maneras, es consecuente con toda la línea del desarrollo adoptada en donde el estímulo individual viene siendo la palanca motora porque es allí, en el individuo, donde, con el interés material directo, se trata de aumentar la producción o la efectividad.

Este sistema tiene, por otra parte, trabas serias en su automaticidad; la ley del valor no puede jugar libremente porque no tiene un mercado libre donde productores rentables y no rentables, eficientes y no eficientes, compitan y los no eficientes mueran de inanición. Es necesario garantizar una serie de productos a la población, de precios a la población, etcétera, etcétera, y cuando se resuelve que la rentabilidad debe ser general para todas las unidades, se cambia el sistema de precios, se establecen nuevas relaciones y se pierde totalmente la relación con el valor del capitalismo que, todavía, a pesar del período monopólico, mantiene su característica fundamental de guiarse por el mercado y de ser una especie de circo romano donde los más fuertes vencen (en este caso los más fuertes son los poseedores de la técnica más alta). Todo esto ha ido conduciendo a un desarrollo vertiginoso del capitalismo y a una serie de técnicas nuevas totalmente alejadas de las viejas técnicas de producción. La Unión Soviética compara su adelanto con los Estados Unidos y habla de que se produce más acero que en ese país, pero en los Estados Unidos no ha habido paralización del desarrollo. ¿Qué sucede entonces?

Simplemente que el acero no es ya el factor fundamental para medir la eficiencia de un país, porque existe la química, la automatización, los metales no ferrosos y además de eso hay que ver la calidad de los aceros. Los Estados Unidos producen menos pero producen una gran cantidad de acero de calidad muy superior. La técnica ha quedado relativamente estancada, en la inmensa mayoría de los sectores económicos soviéticos. ¿Por qué? Porque hubo que hacer un mecanismo y darle automaticidad, establecer las leyes del juego donde el mercado no actúa ya con su implacabilidad capitalista, pero los mecanismos que se idearon para reemplazarlos son mecanismos fosilizados y allí empieza el desbarajuste tecnológico. Falta del ingrediente de la competencia, que no ha sido sustituido, tras los brillantísimos éxitos que obtienen las sociedades nuevas gracias al espíritu revolucionario de los primeros momentos, la tecnología deja de ser el factor impulsor de la sociedad. Esto no sucede en la rama de la defensa. ¿Por qué? Porque es una línea donde no existe la rentabilidad como norma de relación y donde todo está puesto estructuradamente al servicio de la sociedad para realizar las más importantes creaciones del hombre para su supervivencia y la de la sociedad en formación. Pero aquí vuelve a fallar el mecanismo; los capitalistas tienen muy unido el aparato de la defensa al aparato productor, ya que son las mismas compañías, son negocios gemelos, y todos los grandes adelantos obtenidos en la ciencia de la guerra pasan inmediatamente a la tecnología de la paz, y los bienes de consumo dan saltos de calidad verdaderamente gigantescos. En la Unión Soviética nada de eso pasa, son dos compartimentos estancos y el sistema de desarrollo científico de la guerra sirve muy limitadamente para la paz.

Estos errores, excusables en la sociedad soviética, la primera en iniciar el experimento, se trasplantan a sociedades mucho más desarrolladas o, simplemente distintas y se llega a un callejón sin salida provocando reacciones de los otros Estados. El primero en revolverse fue Yugoslavia, luego le siguió Polonia y en ese sentido ahora son Alemania y Checoslovaquia, dejando de lado, por características especiales a Rumania. ¿Qué sucede ahora? Se revelan contra el sistema pero nadie ha buscado dónde está la raíz del mal; se le atribuye a esa pesada lacra burocrática, a la centralización excesiva de los aparatos, se lucha contra la centralización de esos aparatos y las empresas obtienen una serie de triunfos y una independencia cada vez mayor en la lucha por un mercado libre.

¿Quiénes luchan por esto? Dejando de lado a los ideólogos y los técnicos que, desde un punto de vista científico, analizan el problema, las propias unidades de producción, las más efectivas, claman por su independencia. Esto se parece extraordinariamente a la lucha que llevan los capitalistas contra los Estados burgueses que controlan determinadas actividades. Los capitalistas están de acuerdo en que algo debe tener el Estado, ese algo es el servicio donde se pierde o que sirve para todo el país, pero el resto debe estar en manos privadas. El espíritu es el mismo; el Estado, objetivamente, empieza a convertirse en un Estado tutelar de relaciones entre capitalistas. Por supuesto, para medir la eficiencia se está utilizando cada vez más la ley del valor, y la ley del valor es la ley fundamental del capitalismo; ella es la que acompaña, la que está íntimamente ligada a la mercancía, célula económica del capitalismo. Al adquirir la mercancía y la ley del valor sus plenas atribuciones, se produce un reajuste en la economía de acuerdo con la eficiencia de los distintos sectores y unidades, y aquellos sectores o unidades que no son lo suficientemente eficientes desaparecen.

Se cierran fábricas y emigran trabajadores yugoslavos (y ahora polacos) a los países de Europa Occidental en plena expansión económica. Son esclavos que los países socialistas envían como una ofrenda al desarrollo tecnológico del Mercado Común Europeo.

Nosotros pretendemos que nuestro sistema recoja las dos líneas fundamentales del pensamiento que deben seguirse para llegar al comunismo. El comunismo es un fenómeno de conciencia, no se llega a él mediante un salto en el vacío, un cambio de la calidad productiva, o el choque simple entre las fuerzas productivas y las relaciones de producción. El comunismo es un fenómeno de conciencia y hay que desarrollar esa conciencia en el hombre, de donde la educación individual y colectiva para el comunismo es una parte consustancial a él. No podemos hablar en términos cuantitativos económicamente; quizás nosotros podamos estar en condiciones de llegar al comunismo dentro de unos años, antes que los Estados Unidos hayan salido del capitalismo. No podemos medir en términos de ingreso per cápita la posibilidad de entrar al comunismo; no hay una identificación total entre estos ingresos y la sociedad comunista. China tardará centenares de años en tener el ingreso per cápita de los Estados Unidos. Aún si consideramos que el ingreso per cápita es una abstracción, midiendo el salario medio de los obreros norteamericanos, cargándole los desocupados, cargándole los negros, todavía ese nivel de vida es tan alto que a la mayoría de nuestros países le costará mucho llegar a él. Sin embargo, vamos caminando hacia el comunismo.

El otro aspecto es el de la técnica; conciencia más producción de bienes materiales es comunismo. Bien, pero qué es la producción si no el aprovechamiento cada vez mayor de la técnica; y qué es el aprovechamiento cada vez mayor de la técnica si no el producto de una concentración cada vez más fabulosa de capitales, es decir, una concentración cada vez más grande de capital fijo o trabajo congelado con relación al capital variable o trabajo vivo. Este fenómeno se está produciendo en el capitalismo desarrollado, en el imperialismo. El imperialismo no ha sucumbido gracias a su capacidad de extraer ganancias, recursos, de los países dependientes y exportarles conflictos, contradicciones, gracias a la alianza con la clase obrera de sus propios países desarrollados contra el conjunto de los países dependientes. En ese capitalismo desarrollado están los gérmenes técnicos del socialismo mucho más que en el viejo sistema del llamado cálculo económico que es, a su vez, heredero de un capitalismo que ya está superado en sí mismo y que, sin embargo, ha sido tomado como modelo del desarrollo socialista. Debiéramos, pues, mirar en el espejo donde se están reflejando una serie de técnicas correctas de producción que todavía no han chocado con sus relaciones de producción. Podría argumentarse que no lo han hecho por la existencia de este desahogo que es el imperialismo en escala mundial pero, en definitiva, esto traería algunas correcciones en el sistema y nosotros solamente tomamos las líneas generales. Para dar una idea de la extraordinaria diferencia práctica que existe hoy entre el capitalismo y el socialismo se puede citar el caso de la automatización; mientras en los países capitalistas la automatización avanza a extremos realmente vertiginosos, en el socialismo están mucho más atrasados. Se podría argumentar sobre una serie de problemas que afrontarán los capitalistas en el futuro inmediato, debido a la lucha de los trabajadores contra la desocupación, cosa aparentemente exacta, pero lo cierto es que hoy el capitalismo se desarrolla en ese camino más rápidamente que el socialismo.

La Standard Oil por ejemplo, si necesita remozar una fábrica, la para y le da una serie de compensaciones a los trabajadores. Un año está la fábrica parada, pone los nuevos equipos y echa a andar con una eficiencia mayor. ¿Qué sucede en la Unión Soviética, hasta ahora? En la Academia de Ciencias de ese país hay acumulados centenares y tal vez miles de proyectos de automatización que no pueden ser puestos en práctica porque los directores de las fábricas no se pueden permitir el lujo de que su plan se caiga durante un año, y como es un problema de cumplimiento del plan, si le hacen una fábrica automatizada, le exigirán una producción mayor, entonces no le interesa fundamentalmente el aumento de productividad. Claro que se podría solucionar esto desde el punto de vista práctico, dando mayores incentivos a las fábricas automatizadas; es el sistema Liebermann y los sistemas que se están empezando a implantar en Alemania Democrática, pero todo esto indica el grado de subjetivismo en que se puede caer y la falta de precisión técnica en el manejo de la economía. Hay que sufrir golpes muy duros de la realidad para empezar a cambiar; y siempre cambiar el aspecto externo, el más llamativamente negativo, pero no la esencia real de todas las dificultades que existen hoy que es una falsa concepción del hombre comunista, basada en una larga práctica económica que tenderá y tiende a hacer del hombre un elemento numérico de producción a través de la palanca del interés material.

En la parte técnica, nuestro sistema trata de tomar lo más avanzado de los capitalistas y por lo tanto debe tender a la centralización. Esta centralización no significa un absoluto; para hacerla inteligentemente debe trabajarse de acuerdo con las posibilidades. Podría decirse, centralizar tanto como las posibilidades lo permitan; eso es lo que guía nuestra acción. Esto permite un ahorro de administración, de mano de obra, permite una mejor utilización de los equipos ciñéndonos a técnicas conocidas. No es posible hacer una fábrica de zapatos que, instalada en La Habana, reparta ese producto a toda la república porque hay un problema de transporte de por medio. La utilización de la fábrica, su tamaño óptimo, está dado por los elementos de análisis técnico-económicos.

Tratamos de ir a la eliminación, en lo posible, de las categorías capitalistas, por lo tanto nosotros no consideramos un acto mercantil el tránsito de un producto por fábricas socialistas. Para que esto sea eficaz debemos hacer toda una reestructuración de los precios. Eso está publicado por mí,[1] no tengo más que agregar a lo poco que hemos escrito, salvo que hay que investigar mucho sobre estos puntos.

En resumen, eliminar las categorías capitalistas: mercancía entre empresas, interés bancario, interés material directo como palanca, etcétera, y tomar los últimos adelantos administrativos y tecnológicos del capitalismo, esa es nuestra aspiración.

Se nos puede decir que todas esas pretensiones nuestras equivaldrían también a pretender tener aquí, porque los Estados Unidos lo tienen, un Empire State y es lógico que nosotros no podemos tener un Empire State pero, sin embargo, sí podemos tener muchos de los adelantos que tienen los rascacielos norteamericanos y técnicas de fabricación de esos rascacielos aunque los hagamos más chiquitos.

---

[1]   Para mayor precisión, consultar sus artículos «Sobre la concepción del valor», «Sobre el sistema presupuestario de financiamiento», «La banca, el crédito y el socialismo» y «La planificación socialista», publicados en las revistas *Nuestra Industria* y *Cuba Socialista* en los años 1963-1964 y en *El gran debate*, Ocean Sur, 2006 [Nota de la edición fuente. N. del E.]

No podemos tener una General Motors que tiene más empleados que todos los trabajadores del Ministerio de Industrias en su conjunto, pero sí podemos tener una organización, y de hecho la tenemos, similar a la General Motors. En este problema de la técnica de administración va jugando la tecnología; tecnología y técnica de administración han ido variando constantemente, unidas íntimamente a lo largo del proceso del desarrollo del capitalismo, sin embargo, en el socialismo se han dividido como dos aspectos diferentes del problema y uno de ellos se ha quedado totalmente estático. Cuando se han dado cuenta de las groseras fallas técnicas en la administración, buscan en las cercanías y descubren el capitalismo.

Recalcando, los dos problemas fundamentales que nos afligen, en nuestro Sistema Presupuestario, son la creación del hombre comunista y la creación del medio material comunista, dos pilares que están unidos por medio del edificio que deben sostener.

Nosotros tenemos una gran laguna en nuestro sistema; cómo integrar al hombre a su trabajo de tal manera que no sea necesario utilizar eso que nosotros llamamos el desestímulo material, cómo hacer que cada obrero sienta la necesidad vital de apoyar a su revolución y al mismo tiempo que el trabajo es un placer; que sienta lo que todos nosotros sentimos aquí arriba.

Si es un problema de campo visual y solamente le es dable interesarse por el trabajo que hace a quien tiene la misión, la capacidad del gran constructor, estaríamos condenados a que un tornero o una secretaria nunca trabajaran con entusiasmo. Si la solución estuviera en la posibilidad de desarrollo de ese mismo obrero en el sentido material, estaríamos muy mal.

Lo cierto es que hoy no existe una plena identificación con el trabajo y creo que parte de las críticas que se nos hacen son razonables, aunque el contenido ideológico de esa crítica no lo es. Es decir, se nos critica el que los trabajadores no participan en la confección de los planes, en la administración de las unidades estatales, etcétera, lo que es cierto, pero de allí concluyen que esto se debe a que no están interesados materialmente en ellas, están al margen de la producción. El remedio que se busca para esto es que los obreros dirijan las fábricas y sean responsables de ellas monetariamente, que tengan sus estímulos y desestímulos de acuerdo con la gestión. Creo que aquí está el quid de la cuestión; para nosotros es un error pretender que los obreros dirijan las unidades; algún obrero tiene que dirigir la unidad, uno entre todos como representante de los demás, si se quiere, pero representante de todos en cuanto a la función que se le asigna, a la responsabilidad o el honor que se le confiere, no como representante de toda la unidad ante la gran unidad de Estado, en forma antagónica. En una planificación centralizada, correcta, es muy importante la utilización racional de cada uno de los distintos elementos de la producción y no puede depender de una asamblea de obreros o del criterio de un obrero, la producción que se vaya a hacer. Evidentemente, cuanto menos conocimiento exista en el aparato central y en todos los niveles intermedios, la acción de los obreros desde el punto de vista práctico es más útil.

Eso es real, pero también nuestra práctica nos ha enseñado dos cosas para nosotros axiomáticas; un cuadro técnico bien situado puede hacer muchísimo más que todos los obreros de una fábrica, y un cuadro de dirección colocado en una fábrica puede cambiar totalmente las características de ella, ya sea en uno u otro sentido. Los ejemplos son innumerables y, además, los conocemos en toda la economía, no solo en este Ministerio. Otra vez se vuelve a plantear el problema. ¿Por qué un cuadro de dirección puede cambiar todo? ¿Por qué hace trabajar técnicamente, es decir, administrativamente mejor a todo el conjunto de sus empleados, o por qué da participación a todos los empleados de manera que estos se sientan con una nueva tónica, con un nuevo entusiasmo de trabajo o por una conjunción de estas dos cosas? Nosotros no hemos hallado respuesta todavía y creo que hay que estudiar un poco más esto. La respuesta tiene que estar íntimamente relacionada con la economía política de este período y el tratamiento que se les dé a estas cuestiones debe ser integral y coherente con la economía política [...]

Reunión bimestral en el Ministerio de Industrias*
(2 de octubre de 1964)

JUAN M. CASTIÑEIRAS: Vamos a comenzar el Consejo. Como ustedes saben todos los compañeros enviaron tanto sus dudas como sus preguntas, así como aspectos que consideraban positivos o fallas del sistema. Con ese material hemos sacado una serie de preguntas, algunas comunes, planteadas por varios compañeros y otras planteadas solamente por una empresa, pero que consideramos de interés.

Vamos a ir leyendo las preguntas y a cerciorarnos, primero, de que todos los compañeros las entiendan, así como las dudas planteadas para después que el compañero Che las responda. Posteriormente se analizarán otras preguntas, que son bastantes, y si queda alguna otra duda adicional, se podría contestar, si el tiempo lo permite. ¿Che Ud. no quiere aclarar nada?

---

* Versión de Acta inédita, publicada en la edición de *Apuntes Críticos a la Economía Política*. Proyecto editorial Che Guevara. Ocean Sur-Centro de Estudios Che Guevara. 2006, pp. 324-384. *(Nota del E.)*

Por el contenido y profundidad en el debate, el Acta complementa lo expuesto en el artículo precedente, sobre todo desde la experiencia práctica de la transición socialista en Cuba.

Bien, entonces la primera pregunta que se plantea aquí o la primera duda dice: *Dificultades que crea el uso de dos sistemas de financiamiento en nuestro país y necesidad de determinar la utilización de uno solo.*

COMANDANTE GUEVARA: Creo que es preguntado o planteado por varios, ¿no?

JUAN M. CASTIÑEIRAS: Sí, eso es preguntado por varios.

COMANDANTE GUEVARA: Eso nosotros lo hemos discutido antes en una reunión bimestral, si mal no recuerdo, ¿no? Les decía que estábamos muy de acuerdo de que fuera un solo sistema y no dos, pero la otra gente no está de acuerdo. El problema es que hay un sistema que tiene un grado de divulgación pública bastante grande, aún cuando en realidad la parte práctica y positiva, digamos de acción, seguramente tampoco es conocida por ustedes porque toda la literatura que existe es una literatura de tipo apologética, se basa en la belleza del régimen, en todas las fuerzas que desata, lo formidable que es el pueblo haciendo las cosas, que el socialismo es invencible, que el marxismo-leninismo es así, y empiezan dando tres o cuatro explicaciones de tipo semi-teóricas o teórico- prácticas y se acabó realmente la explicación de todo el sistema.

Ninguno de los dos tiene la base teórica lo suficientemente asentada, es decir, lo que nosotros deberíamos exigir al marxismo. La base teórica que llegara al fondo de las cosas, como llega *El capital*, ¿no? *El capital* es un libro único, como puede llegar de cierta manera, Lenin en *El Estado y la Revolución* y *El Imperialismo* [*fase superior del capitalismo*].

Sin embargo después de eso no ha habido realmente estudios profundos, ha habido un gran cambio en las formas de encarar los problemas en la Economía Política, antes y después de la toma del poder y eso se ha traducido en que haya alguna literatura que va a buscar ciertas explicaciones más allá. A cada rato nosotros publicamos en *Nuestra Industria Económica* una serie de artículos planteándolo, más o menos, para el que está un poco ya avezado en estas cosas, vea como tiene que plantear la duda la gente.

[...]

Miren, en el Sistema Presupuestario falta una palanca automática. Yo no sé hasta que punto es imprescindible que exista, pero qué es la palanca del mercado. Les decía que no sé hasta que punto es imprescindible que exista, porque de cierta manera en los monopolios también falta, también hay una serie de restricciones, es decir, la teoría de los monopolios sobre la restricción de las unidades menores no está establecida y luce que también parten de la base del empirismo. Pero hay una línea general que se lleva todo el tiempo y que desgraciadamente ha sido cortada solamente en el momento de la implantación del socialismo que es a la centralización constante. Por otra parte, es una ley que está expresada claramente por Marx, la ley de la concentración y centralización de los capitales. Es una ley importante y totalmente cierta, por lo menos claramente cierta en todo lo que uno ve. Entonces, en el proceso de desarrollo del capitalismo todo esto va sucediendo en una forma armónica hasta cierto punto, tienen el mercado y a su vez el desarrollo es producto de las propias necesidades que la nueva técnica va imponiendo. Cuando nosotros llegamos al poder, evidentemente nos fallan una serie de mecanismos por un tiempo, entre ellos el mercado, pero fundamentalmente lo que nos falla es el mecanismo de los cuadros, acostumbrados a seguir un método de trabajo. Frente a la escasez de cuadros bien colocados por un lado y sobre todo frente a las dudas que tenía, yo centralizaba lo más posible, centralizaba cosas que no habría porqué centralizar, por ejemplo, el personal. En la época del sectarismo a mí me los colaban, uno y otro, y otro por veinte mil lugares, y no es que los colaran, porque eso era lo de menos, nosotros pedíamos gente, pero es que después hacían una barbaridad y entonces aparecía lo que después se bautizó como «saramaguñón», te quitaban de aquí y aparecían por aquí. Por eso, en aquella primera época, tenía que tener en la mano todos los nombramientos de administradores y verlos personalmente.

Discusiones que si el partido esto, que si el partido lo de mas allá, que «el partido es la candela», y el resultado era que tenía que defender la administración constantemente contra la forma más ridícula de agresión del partido, que era la de meter los cuadros dentro de la administración para fundir partido y administración en una sola cosa...

Hubo que centralizar mucho, otro ejemplo es la supervisión, que todavía hoy en buena ley yo debía supervisar, porque maldito el caso que le hacen de viceministro para abajo a un informe de inspección. El otro día, después de un mes, he tenido que decir que el director de empresa que no cumpliera con una auditoría de Hacienda, se empezaba a descontársele el sueldo, desde el mismo día que no lo mandara. Lo curioso es que enseguida nos llega, no vamos a decir que sea por el descuento, aunque el desestímulo material también tiene su poquito de argumento fuerte, pero en fin, identificar a fulanito y menganito que no cumple. ¿Por qué suceden estas cosas? Son los problemas de autoridad a los que me estaba refiriendo. Frente a todo esto, muchas veces he tenido la tendencia a centralizar. Ahora, esa no es digamos la parte fundamental de la centralización que debiera tener el Sistema Presupuestario, es muy difícil contestar a las preguntas, una por una, sin hacer una especie de explicación, por lo menos histórica o algo así, del pensamiento nuestro. Por eso, cada pregunta luce como una divagación, si las contesto una por una, así escuetamente, esto va a ser un mosaico, porque las preguntas no llevan un orden, no llevan el orden que yo podría haberles dado. Y es que a veces hay que remontarse y divagar un poquito para contestar cada pregunta. El problema de la centralización debiera ser una cuestión de armónica, que va surgiendo en el desarrollo del capitalismo, que va hacia la centralización. Fíjense ustedes que cuando el socialismo llega, según el análisis de Marx, no debía haber nada que centralizar. Sin embargo, se ha llegado a centralizaciones muy grandes para organizar algo, en fin, liquidar las relaciones inter-monopolios, para convertirlas en un solo monopolio. Pero la centralización va aumentando cada vez más. Marx no previó exactamente el tipo de centralización que existiría, pero nosotros conociendo lo que son ahora los monopolios, podríamos más o menos imaginar a Estados Unidos llegando ya a la época de choque definitivo entre las clases que llevan al socialismo. Ahora, ¿qué es lo que pasa con nosotros, los centralizadores del patio? Pues que muchas veces no sabemos centralizar, estamos pagando, estamos cargando en una cuenta equivocada, estos débitos o créditos, que sé yo cómo hay que nombrarlos.

[...]

En mi concepto, la idea de la centralización es correcta y la descentralización en todo cabo debe ser el resultado de un antagonismo entre la centralización que debe ser y las posibilidades reales de hacerla, es decir, los tranques burocráticos provocados por eso, por la falta de condiciones la falta de aptitudes, de organización, en fin (...) Es decir que la centralización tiene un claro concepto económico de ayuda a mejor trabajar, a mejor distribución de los recursos, a mejor control.

[...]

Para mí es muy difícil hablar aquí, porque estoy conociendo toda la lista de preguntas y vamos saltando de una a otra. Me quería referir aquí a otra cosa, que es muy importante, en el análisis del burocratismo, una, la actividad organizativa nuestra, y otra, la impuesta por JUCEPLAN [Junta Central de Planificación]. Disciplinadamente tenemos que aceptar una metodología que para nosotros necesariamente es muy mala, porque es una metodología que está realmente en muchas partes, copiada de los primeros que vinieron aquí. Fueron los compañeros checos, con un sistema que tienen bastante centralizado, muy desarrollado en una línea, pero que a nosotros nos llena de papeles innecesarios...

Es decir, en las empresas organizadas se ven dos cosas, por ejemplo, centralización por un lado y una burocracia relativamente disminuida (...) La idea nuestra esencial, creo que ya se la he dicho, es ir trabajando más en algo como una especie de definición del monopolio, que tenía sus unidades básicas, su gente de actividades básicas, reemplazados todos los cuadros medios por máquinas y arriba la gente que pensara. Nosotros queremos también tener aproximadamente eso, dentro de lo posible. Claro, las categorías del plan y la forma de hacer el plan, son cosas que nos llenan de una gran cantidad de burocracia, aunque no sea burocrática. Y ahí nosotros tenemos que entrar a pensar.

Hay dos cosas de JUCEPLAN, digamos de ordenamiento general del país, de las cuales yo había hablado ya con el presidente, para pensar y para buscar los métodos adecuados. Uno de ellos es toda la metodología de la planificación, la cuestión no formal, sino lo que implica, las relaciones que se han formado y otra, en los precios. Porque ustedes han leído por ahí el número cinco, que dicen que nosotros asignamos a los precios una importancia grande en el Cálculo. Ya hemos quedado que íbamos a trabajar en eso. Ahora, fuera de estos dos puntos, podemos trabajar dentro del Ministerio para ir eliminando todo lo que esté dentro de la metodología, digamos oficial, pero que esté mal aplicado a nivel nuestro, ir limpiándolo, ir limándolo, ir corrigiéndolo.

Ahí, hay evidentemente mucho burocratismo y lo que decía Fidel, el espíritu pequeño burgués metido dentro de nosotros (...) Ahora nosotros tenemos que ir a cambiar todo eso y no cambiarlo solamente en el papel, sino cambiar las relaciones, la forma de las relaciones. Hay toda una inmensa tarea que hay que hacerla y acometerla con el sentido claro y donde ustedes tendrían mucho que hacer allí. El burocratismo es un mal que no está pegado al sistema socialista, que nace antes y que nosotros nos lo hemos dejado aumentar, porque naturalmente en un sistema donde el control del mercado no está pegando sobre el lomo de cada uno. Es fácil dejar entrar gente de ese tipo, es un puesto apetecido porque en general la gente se rasca el ombligo y del director para abajo no se toman las medidas necesarias para que se rasquen el ombligo. Entonces empiezan a aumentar los números de oficinistas y todo lo demás. Creo que es fácilmente superable, siempre que podamos ver bien y delimitar esos casos.

El primero, el caso de la centralización necesaria y el grado necesario de gente, considerando incluso su capacidad actual, es decir, que donde hoy se necesitan tres secretarias, dentro de seis meses, después de un curso intensivo, se pueden quitar dos. Ahora, donde hoy se necesiten tres y hay cuatro para el trabajo de tres, ahí es donde empieza el germen de todo esto, de todos los papeles quedados, esos que aparecen por ahí. Después, el otro nivel que tenemos que dividir es el nuestro, nuestra capacidad de acción y la de JUCEPLAN, que no debemos romper desde aquí. Nosotros tenemos que ayudar a JUCEPLAN a ver claro una nueva metodología de la planificación, pero no debemos romperla desde aquí, ni decidir nosotros, no va a conducir a nada eso.

[...]

UN COMPAÑERO: El estímulo material.

COMANDANTE GUEVARA: ¿Moral? ...Ah, material ¿a los dirigentes también? No, no, los dirigentes de material nada. De los dirigentes para abajo, todo. No, no, y ahora que Fidel me ha apoyado con esto del espíritu pequeño burgués encarnado en el estado, olvídense del material eh, pero olvídense. Lo único es la escala que Augusto está haciendo, esa de las veinte categorías, que sea una cosa correcta y que la gente que está ganando $150,00, no sé si hay alguno, había antes uno y era director de empresa, pues que gane lo correcto, en fin este tipo de cosas sí, pero darle el estímulo material a un director no... Nosotros no podemos crear gente que se mueva por eso. Si justamente esa es una de las broncas que siempre Riera me echa porque dice que es una inconsecuencia el aplicar el desestímulo material, pero el problema es que así ustedes se acuerdan. Cuando la cosa llega al bolsillo se acuerdan de cosas que tienen que hacer y por eso hay que aplicarlo.

El estímulo moral es otra discusión, que si se aplica o no se aplica. El principio y la cuestión del estímulo moral se aplica. Ahora, hasta qué nivel y además hasta que nivel quiere la gente que se le aplique; ese es otro problema. Porque uno no puede estar diciendo elogios públicos reiterados de cada empresa, yo no hago elogio de ninguna empresa, es muy raro. En grupo sí, señalar las empresas que andan mejor, el por qué considero que sí, eso es un estímulo, decirle a la empresa «miren, ustedes han mejorado, tienen estos errores». Pero mi misión no es una misión de dirigente político puro, lo que tendría que hacer un verdadero comisario político, de darle estímulo. Yo tengo que cumplir una función de orientación, mala o buena, una función de orientación. Dónde están reunidas las críticas, el señalamiento de las cosas buenas y las cosas débiles. En general, no he visto prácticamente una empresa que no tenga cosas débiles, es muy raro. Siempre hay que señalar algunos puntos, naturalmente hay otros más fuertes. Hay veces que el trabajo de algún compañero es notable en algún caso y se puede, y se debe señalar. No tanto para el compañero propiamente, como para que a los demás les sirva de experiencia, para que vayan a ver sus propias experiencias.

[...]

El sistema socialista está realmente pasando por una crisis y las relaciones chino-soviéticas fundamentalmente son la expresión más cabal de esa crisis. Pero nosotros tenemos que ir a buscar más a lo hondo por que se producen. No se trata de no embanderarnos por mantener una equidistancia, como dicen los norteamericanos, en un caso por tener el corazón en Pekín y el estómago en Moscú, o simplemente por no querer meterse en un problema demasiado profundo. No se trata de esas cosas. Nosotros tenemos una dirección de no echar más leña a ese fuego que ya está sólido, no necesita mucho más combustible. Pero por otro lado, tenemos que ir tranquilamente a tratar de averiguar qué hay en el fondo de las cosas, ¿por qué se producen? No en la discrepancia, la discrepancia es una manifestación, sino en el fondo.

En esto he pensado algo, he leído un poco, he tratado de hacer una cosa más o menos coherente por toda una serie de asuntos que uno ve, que conoce. Empieza a conocer más los países socialistas por dentro, las contradicciones internas que existen, las quejas, los disgustos. Se aprende mucho más de nuestros errores aquí, de toda la tremenda cantidad de imbecilidades que hacemos, de los resquemores que se provoca en la población. Empieza uno a pensar en los porqués y he llegado a una conclusión, que en definitiva cuando Fidel hablaba ayer, el lunes, de la pequeña burguesía infiltrada en el aparato, lo encontraba congruente, incluso contó una serie de cosas que no las he discutido con él. Estas cosas que les digo a ustedes no las he planteado en el partido siquiera, porque son cosas que uno las va todos los días cambiando un poquito. Es decir, es un feto, lo que les voy a decir.

Creo que en aquella época en que en Rusia se empieza a construir el socialismo, Lenin comete dos grandes equivocaciones, la primera es ceder demasiado en la forma sin explicar correctamente por qué, cómo hacía para ceder en la forma, es decir la NEP fundamentalmente, y la segunda fue morirse, una equivocación que, en fin, no tendría ganas de realizar. Porque de ahí nace ya, se cristaliza la NEP y se mantiene todo el tiempo, hasta más o menos algunas cosas diferentes, después la parte de los campesinos se liquidó con la colectivización forzosa que hizo Stalin, pero las relaciones se mantuvieron.

Entonces, ¿qué es lo que uno ve en todo esto? Yo veo en general un tremendo complejo de inferioridad, digamos, si no lo queremos poner en esa forma tan idealista, un gran temor ideológico frente al capitalismo, en general. Esto conlleva toda una serie de problemas, se empieza a coquetear con el Cálculo Económico, a usar lo que era un capitalismo relativamente primitivo, lo que se conocía en Rusia en esa época, cambiándole una serie de nombres, en fin, establecer el sistema del Cálculo Económico. Después se va perfeccionando, eso lleva muchos años, pero yo ya no le daba tanta importancia. Después voy a explicar donde se liga todo eso, el Cálculo y todas las cosas. Pero hay una serie de manifestaciones que con mi tozudez he tratado de meter dentro del Cálculo y evidentemente son más profundas. Es todo producto de una concepción completa que, en mi concepto, está atrasada.

Yo les ruego una vez más tener cuidado con todas estas cosas que yo les digo, porque esto anda lindando con el revisionismo y con todos los «ismos» malos que andan por ahí y hay que tratarlas con cuidado. Yo las trato con cuidado y con respeto, pero quisiera que ustedes las trataran más o menos así.

Esta debilidad de todo el estado en un primer momento del estado soviético revolucionario, aquella situación terrible de la Unión Soviética en los primeros años, se traduce en una falta de, es decir, en una debilidad, en un cierto sentimiento de inferioridad frente a los capitalistas y algunos mecanismos defensivos. Esos mecanismos defensivos, aunque es un poco infantil llevarlos a las relaciones de los estados, en cierta forma existen. Es decir, el complejo de superioridad, por ejemplo, de los freudianos, que es un complejo de inferioridad invertido.

Dirán que sí o que no, pero existe. Y también en alguna forma se idealizaron ciertas cosas y se aisló el bloque socialista con fines de defensa, para poder desarrollarse internamente, pero todo esto conllevaba una desconfianza, incluso en las propias fuerzas grandes. Y por otro lado, no había bloque socialista, era la Unión Soviética, se justificaba, sola tenía que desarrollar toda una defensa para aguantar un ataque que sabía que le venía. Ustedes saben las palabras de Stalin que son casi proféticas en el año 30, «en 10 años superamos a los capitalistas o nos destruyen» y en el año 40 ya tenía una potencialidad bélica muy considerable. Pero la potencialidad se expresaba a través de ciertos impulsos que el estado da a algunas cosas. Sin embargo, ya se están estableciendo todas unas relaciones de producción a través del Cálculo Económico y digo, el Cálculo es una manifestación de ese sentido de inferioridad. Eso se ve, por ejemplo, yo los dividía en cuatro partes: en la parte económica, en la parte ideológica, digamos, de la creación del hombre y de la investigación, la creación del hombre nuevo, en la cultura y en la ciencia. ¿Y qué es lo que pasa en cada uno de estos? Vamos a dejar el económico ahora. Tomemos la cultura.

En la cultura se condena el arte abstracto, en pintura, se condena en fin toda esa serie de modalidades de todos los literatos capitalistas decadentes en general. Se condena en nombre de que son representantes de una clase y entonces se defiende otra cosa que se llama el «realismo socialista». ¿Y qué es el realismo socialista? Bueno, el realismo socialista no es un invento, no es una cosa nueva, es viejo. Realismo socialista es arte del siglo XIX, siglo XVIII; el todo, la poesía. Nada más que en algunos casos es más intencionado, más digamos, de combate. Todo teñido de un escolasticismo muy grande y eso también tiene un contenido de clases.

Entonces, ¿qué no ha sido capaz de hacer la sociedad socialista? Estar creando un arte del hombre nuevo. ¿Por qué? Porque tiene miedo y tiene miedo por muchas razones, fundamentalmente por la falta de cultura, la falta de desarrollo de todos los cuadros. Imagínense, a mí me ponen de árbitro en la música para ver qué música es reaccionaria o representación de una clase o de otra, sería terrible aquello.

Con la cultura se ha hecho eso y la cultura ha perdido vigor, es una realidad. Nosotros aquí no lo hemos hecho, ¿por qué? Porque nuestras debilidades son tan grandes y la infiltración pequeñoburguesa es tan grande en nuestra sociedad, que no se ha dejado hacer eso, hemos tenido miedo frente a ella, pero no porque hayamos hecho la síntesis, ¡eh! Nosotros estamos más atrasados todavía que los socialistas europeos y asiáticos, porque allí está campeando por sus respetos el pequeño burgués en todas sus manifestaciones de clase.

[...]

Nosotros habíamos notado cuatro cosas que andan mal y que todas lucen que es una debilidad general de base, de la teoría, y esa es la importancia que tiene la teoría. Nosotros hemos partido de una práctica, del año 20, de una práctica a la cual fue obligado el estado soviético, a realizarla violentando, digamos, la teoría, porque las realidades eran terribles y hubo que hacerlo.

Después, aquello se convirtió en una especie de dogma, se convirtió en teoría, teoría que no podía ser puesta en duda, y todo eso fue trasladado, uno a uno, a todos los países. Aquí llegaron los compañeros checos con todo su bagaje, por ejemplo, en la cosa de planificación y... pa, pa, pa... y nosotros agarramos aquello e hicimos pa, pa, pa... p´lante. Análisis de la situación, posibilidades de hacer, no lo hicimos, sencillamente no lo hicimos. Entonces nosotros solos nos vemos avocados a una cuestión que es lo que hay que plantear, hay que pensar.

Tenemos la obligación imperiosa de pensar, ¡imperiosa! Muchas veces, por ejemplo, cuando aquel cálculo-economista estaba rebelado, yo decía, «ojalá todo el mundo se rebelara, que pensara la gente».

Prefiero mil veces un tipo que me dice: «Mire yo no creo todo lo que usted dice, usted es un animal y aquí está lo que dice el *Manual*, lo he pensado y lo he contrastado con lo suyo y usted no tiene razón por esto y esto, o tengo mis dudas». A que la gente diga: «No, yo soy presupuestario, soy de Industrias… y p´lante». Porque, claro, ese es el ejemplar que no produce nada, que no ayuda en nada al desarrollo de la Revolución, en nada. Y todos esos cuadros de mucha categoría dentro del gobierno, no pueden ser indiferentes a un problema de esta magnitud.

Por eso quería plantearles todo esto que es una «libreta» mía. Que ni siquiera puedo responder por todo lo que he dicho, así, plenamente, porque no está bien ligado una cosa con otra. Porque son nada más que una sucesión de inquietudes, de observaciones que uno hace, de choques con la teoría y con la realidad que uno ve todos los días prácticamente y que llevan a plantearles estas cosas. Pero la tarea tiene que ser de todos; las tareas prácticas y las tareas teóricas. La teoría la hace Marx, cuando es Marx, pero que cuando no es Marx, tenemos que hacerla todos un poquito.

[…]

El marxismo es una de las cosas realmente extraordinarias que ha producido la humanidad, como teoría. Y hay que tratarlo con ese respeto y hay que entrar allí con todo respeto. No es para corregir a Marx, o a Lenin después de leer cuatro páginas. Pero hay que leerlos. No se puede conocer a Marx ni a Lenin a través del *Manual*. A Lenin y a Marx hay que conocerlos ahí y además conocerlos históricamente, y conocer la historia de Lenin y conocer la historia de Marx y quizás antes que nada, conocer esto. Para los que les guste leer yo les recomendaría dos libritos, para conocer la historia de la gente.

Uno es el libro sobre Marx de Mehring. Yo no sé si está publicado aquí en Cuba. Debiera publicarse. Tiene una serie de apreciaciones críticas a Marx sobre las relaciones con Lassalle, algunas cosas que han sido impugnadas. Y él defiende a Bakunin, por ejemplo, al artista ruso ese, pero es el libro de un hombre que estuvo con Lassalle, de un revolucionario. Que estuvo con Marx y que realmente quería a Marx y sentía lo que era Marx. Es realmente un libro conmovedor. Y el otro, es la biografía de Lenin de Gerard Walter. Por aquí había algunos tomos. Esas son biografías que hacen penetrar un poco en el hombre y en la historia, que es muy importante, porque hay que ver que todos estos genios no son hechos de mármol, ni de alguna sustancia, son gente y tienen veinte mil problemas. Y hay veces que ustedes ven las cosas de Lenin y cuando está encabronado escribe unas cartas... ¡pero tremendas!, con malas palabras y todo lo demás, como cualquier hijo de vecino. Muchas veces sus ideas también están influenciadas por esas cosas y por ahí se le mete en la cabeza que un tipo es malo y le carga con todos los cañones.

Todas esas cosas suceden, porque se trata de gente y lo que hay que tratar es de ver todo eso y de poder comprenderlo bien. Y tratar de ver y estudiar esa distancia, esos cambios que se van produciendo en Lenin entre la etapa anterior a la toma del poder, la primera etapa, e incluso de la toma del poder y la etapa posterior y las últimas búsquedas de Lenin. En los últimos años andaba buscando algo, me parece a mí, estaba preocupado. Y eso es la carta también al partido, tiene la preocupación de la pugna que se ve entre Trosky y Stalin. Toda una serie de preocupaciones que tenía Lenin. Eso es importante para todas estas cosas que estamos planteando, porque tenemos que ir a analizar eso y después poder salir de ahí ya con un barraje teórico grande, si no grande conociendo en realidad a la gente, no solamente lo que ha dicho, sino cómo lo ha dicho, en qué época lo ha dicho, qué es lo que ha querido decir. Por lo menos para poder tomar una decisión en todas las polémicas esas que nosotros hemos mantenido.

La última cosa de esto que les quería decir era, que la idea nuestra es que vio correcto la idea completa de la contradicción entre clases que llevaba al socialismo, a las dos, con sus dos etapas. Le faltó ver el desarrollo del imperialismo, qué acción, pues fundamentalmente traslada todas las formas más violentas y más ásperas de contradicciones de clase a todas sus colonias económicas, pero mientras se va desarrollando, y va desarrollando sus técnicas, sus técnicas de administración, sus técnicas productivas. ¿Cuál es la consecuencia práctica que nosotros tenemos que sacar de esto? Que el imperialismo es una fuente de conocimientos grande del socialismo, sin miedo. Y por ende tiene que agarrar, pero agarrarlo como científico. Porque también el capitalismo tiene dentro toda su capacidad de perversión de la gente y toda su capacidad de explotación, en fin, de individualizar al hombre y convertirlo en un lobo del hombre. Pero tiene ahí toda una serie de manifestaciones que hay que estudiar. Las técnicas de conducción de la economía, así como las técnicas indirectamente de producción, son serias. Serias.

[...]

UN COMPAÑERO: (Inaudible)… de la economía política de la época de la transición, tengo personalmente una preocupación sobre la cuestión, sobre el desarrollo intelectual del socialismo y la interferencia que puede tener en ello el intercambio desigual…

COMANDANTE GUEVARA: ¡Ah!, te picó un bichito a ti, ¿eh? Te picó un bichito. Está bien, eso es uno de los temas que no toqué aquí, lo voy a discutir en la universidad. Ahora una de las cosas que dijo Estefanía, yo creo que todavía a nosotros nos faltan algunas cosas más, tenemos que preparar un poquito de energía para dar otro salto en esto y que la base que ahora tenemos que seguir es la reestructuración del Ministerio, el análisis de esa reestructuración. Una lucha consecuente contra el burocratismo. Les advierto que esa lucha está planteada antes de que Fidel echara la descarga, no estoy funcionando por electrodo, sino que estaba planteado ya de antes y además, siempre he tenido discusiones con Fidel en esto, porque él es enemigo de la burocracia…

Fidel ahora tiene una idea de ir liquidando algunos aspectos realmente que son graves, sobre todo en el sector agrícola se ve mucho, todos esos intermediarios estatales que son ridículos, realmente ridículos y que tienen una burocracia, esa sí, terrible, y un desperdicio de material, un gasto tremendo de material y una mala utilización del material. En lo demás aquí no caben conclusiones, simplemente esto era para otra cosa, para tratar de responder algunas preguntas y que la gente se interesara en todo esto…

Política Exterior

América desde el balcón afroasiático*

Para los asiáticos, hablar de América [la nuestra, la irredenta] es hablar de un continente impreciso, tan desconocido para ellos como lo es para nosotros esa inmensa parte del mundo cuyas ansias libertarias encontraron el vehículo de expresión apropiado en el pacto de Bandung.

Nada se conocía de América, salvo, quizás, que era un gigantesco sector del mundo donde vivían nativos de piel oscura, taparrabos y lanzas, y donde una vez había arribado un tal Cristóbal Colón, más o menos en la misma época en que otro tal Vasco de Gama cruzara el Cabo de las Tormentas e inaugurara un terrible paréntesis de siglos en la vida cultural, económica y política de esos pueblos. Nada concreto se agrega a este conocimiento, excepto un hecho para ellos casi abstracto, que se llama «Revolución cubana». Efectivamente, Cuba es para ese mundo lejano una abstracción que significa sólo despertar, apenas la base necesaria para que surgiera el ser mitológico llamado Fidel Castro. Barbas, cabello largo, uniforme verde olivo y unos montes sin localización precisa en un país del que apenas saben su

*   Publicado en la revista *Humanismo*, correspondiente al número de
     septiembre-octubre de 1959.

nombre —y no todos saben que es isla— es la Revolución cubana, es Fidel Castro; y esos hombres barbados son «los hombres de Castro» y esos hombres, provenientes de una isla indiferenciable en el mapa, movidos por el resorte mágico de un nombre mitológico, es América, la nueva América, la que despereza sus miembros entumidos de tanto estar de rodillas.

Hoy va desvaneciéndose la otra América, la que tiene hombres desconocidos que trabajan miserablemente el estaño, por cuya causa, y en cuyo nombre, se explota hasta el martirio a los trabajadores del estaño indonesio; la América de los grandes cauchales amazónicos donde hombres palúdicos producen la goma que hace más ínfimo el salario de los caucheros de Indonesia, Ceilán, o Malaya; la América de los fabulosos yacimientos petrolíferos, por los cuales no se puede pagar más al obrero del Irak, la Arabia Saudita o el Irán; la del azúcar barato que hace que el trabajador de la India no pueda recibir mayor remuneración por el mismo trabajo bestial bajo el mismo sol inclemente de los trópicos.

Distintas, y sorprendidas, aún de su osadía de desear ser libres, el África y el Asia empiezan a mirar más allá de los mares. ¿No será que ese otro almacén de granos y materias primas tiene también una cultura detenida por la colonia y millones de seres con los mismos anhelos simples y profundos de la grey afroasiática? ¿No será que nuestra hermandad desafía el ancho de los mares, el rigor de idiomas diferentes y la ausencia de lazos culturales, para confundirnos en el abrazo del compañero de lucha? ¿Se deberá ser más hermano del peón argentino, el minero boliviano, el obrero de la United Fruit Company o el machetero de Cuba que del orgulloso descendiente de un samurai japonés, aunque quien esto analice sea un obrero japonés? ¿No será que Fidel Castro es, más que un hecho aislado, la vanguardia del pueblo americano en su lucha creciente por la libertad? ¿No será un hombre de carne y hueso? ¿Un Sukarno, un Nerhu o un Nasser?

Los pueblos liberados empiezan a darse cuenta del enorme fraude que se cometiera con ellos, convenciéndolos de una pretendida inferioridad racial, y saben ya que podían estar equivocados también en la valorización de pueblos de otro continente.

A la nueva conferencia de los pueblos afroasiáticos ha sido invitada Cuba. Un país americano expondrá las verdades y el dolor de América ante el augusto cónclave de los hermanos afroasiáticos. No irá por casualidad; va como resultado de la convergencia histórica de todos los pueblos oprimidos, en esta hora de liberación. Irá a decir que es cierto, que Cuba existe y que Fidel Castro es un hombre, un héroe popular, y no una abstracción mitológica; pero además, explicará que Cuba no es un hecho aislado sino signo primero del despertar de América.

Cuando cuente de todos los oscuros héroes populares, de todos los muertos sin nombre en el gran campo de batalla de un Continente; cuando hable de los «bandidos» colombianos que lucharon en su patria contra la alianza de la cruz y la espada; cuando hable de los «mensú» paraguayos que se mataron mutuamente con los mineros de Bolivia, representando, sin saberlo, a los petroleros de Inglaterra y Norteamérica, encontrará un brillo de estupor en las miradas; no es el asombro de escuchar algo inaudito, sino el de oír una nueva versión, idéntica en desarrollo y consecuencias a la vieja versión colonial que vivieron y padecieron durante siglos de ignominia.

América toma forma y se concreta. América, que quiere decir Cuba; Cuba, que quiere decir Fidel Castro [un hombre representando un Continente con el solo pedestal de sus barbas guerrilleras], adquiere la verosimilitud de lo vivo. El Continente se puebla, ante la imaginación afroasiática, de hombres reales que sufren y luchan por los mismos ideales.

Desde la nueva perspectiva de mi balcón, aprendo también a valorar esto de que fui copartícipe desde el momento sublime de los «doce», y veo diluirse las pequeñas contradicciones que agigantaba la perspectiva para darle su verdadera trascendencia de acontecer popular americano. Con esta perspectiva puedo valorar el gesto infantil, por lo ingenuo y espontáneo, del hombre lejano que acaricia mis barbas preguntando en lengua extraña: «¿Fidel Castro?», agregando:

«¿Son ustedes los miembros del Ejército guerrillero que está encabezando la lucha por la libertad de América? ¿Son, entonces, nuestros aliados del otro lado del mar?» Y tengo que contestarle a él, y a todos los cientos de millones de afroasiáticos que como él marchan hacia la libertad en estos nuevos e inseguros tiempos atómicos, que sí; más aún: que soy otro hermano, otro entre la multitud de hermanos de esta parte del mundo que espera con ansiedad infinita el momento de consolidar el bloque que destruya, de una vez y para siempre, la presencia anacrónica de la dominación colonial...

Cuba: ¿Excepción histórica o vanguardia en la lucha anticolonialista?*

Nunca en América se había producido un hecho de tan extraordinarias características, tan profundas raíces y tan trascendentales consecuencias para el destino de los movimientos progresistas del continente como nuestra guerra revolucionaria. A tal extremo, que ha sido calificada por algunos como el acontecimiento cardinal de América y el que sigue en importancia a la trilogía que constituyen la Revolución rusa, el triunfo sobre las armas hitlerianas con las transformaciones sociales siguientes, y la victoria de la Revolución china.

Este movimiento, grandemente heterodoxo en sus formas y manifestaciones, ha seguido, sin embargo —no podía ser de otra manera—, las líneas generales de todos los grandes acontecimientos históricos del siglo, caracterizados por las luchas anticoloniales y el transito al socialismo.

Sin embargo, algunos sectores, interesadamente o de buena fe, han pretendido ver en ella una serie de raíces y características excepcionales, cuya importancia relativa frente al profundo fenómeno histórico-social elevan artificialmente, hasta constituirlas en determinantes. Se

---

* Publicado en la revista *Verde Olivo* el 9 de abril de 1961.

habla del excepcionalismo de la Revolución cubana al compararla con las líneas de otros partidos progresistas de América, y se establece, en consecuencia, que la forma y caminos de la Revolución cubana son el producto único de la revolución y que en los demás países de América será diferente el transito histórico de los pueblos.

Aceptamos que hubo excepciones que le dan sus características peculiares a la Revolución cubana, es un hecho claramente establecido que cada revolución cuenta con ese tipo de factores específicos, pero no esta menos establecido que todas ellas seguirán leyes cuya violación no esta al alcance de las posibilidades de la sociedad. Analicemos, pues, los factores de este pretendido excepcionalismo.

El primero, quizás, el más importante, el más original, es esa fuerza telúrica llamada Fidel Castro Ruz, nombre que en pocos años ha alcanzado proyecciones históricas. El futuro colocará en su lugar exacto los meritos de nuestro primer ministro, pero a nosotros se nos antojan comparables con los de las más altas figuras históricas de toda Latinoamérica. Y, ¿cuáles son las circunstancias excepcionales que rodean la personalidad de Fidel Castro? Hay varias características en su vida y en su carácter que lo hacen sobresalir ampliamente por sobre todos sus compañeros y seguidores; Fidel es un hombre de tan enorme personalidad que, en cualquier movimiento donde participe, debe llevar la conducción y así lo ha hecho en el curso de su carrera desde la vida estudiantil hasta el premierato de nuestra patria y de los pueblos oprimidos de América. Tiene las características de gran conductor, que sumadas a sus dotes personales de audacia, fuerza y valor, y a su extraordinario afán de auscultar siempre la voluntad del pueblo, lo han llevado al lugar de honor y de sacrificio que hoy ocupa.

Pero tiene otras cualidades importantes, como son su capacidad para asimilar los conocimientos y las experiencias, para comprender todo el conjunto de una situación dada sin perder de vista los detalles, su fe inmensa en el futuro, y su amplitud de visión para prevenir los acontecimientos y anticiparse a los hechos, viendo siempre mas lejos y mejor que sus compañeros. Con estas grandes cualidades cardinales, con su capacidad de aglutinar, de unir, oponiéndose a la división que debilita; su capacidad de dirigir a la cabeza de todos la acción del pueblo; su amor infinito por él, su fe en el futuro y su capacidad de preverlo, Fidel Castro hizo más que nadie en Cuba para construir de la nada el aparato hoy formidable de la Revolución cubana.

Sin embargo, nadie podría afirmar que en Cuba había condiciones político-sociales totalmente diferentes a las de otros países de América y que, precisamente por esa diferencia, se hizo la Revolución. Tampoco se podría afirmar par el contrario, que, a pesar de esa diferencia Fidel Castro hizo la Revolución. Fidel, grande y hábil conductor, dirigió la Revolución en Cuba, en el momento y en la forma en que lo hizo, interpretando las profundas conmociones políticas que preparaban al pueblo para el gran salto hacia los caminos revolucionarios. También existieron ciertas condiciones, que no eran tampoco específicas de Cuba, pero que difícilmente serán aprovechables de nuevo por otros pueblos, porque el imperialismo, al contrario de algunos grupos progresistas, sí aprende con sus errores.

La condición que pudiéramos calificar de excepción, es que el imperialismo norteamericano estaba desorientado y nunca pudo aquilatar los alcances verdaderos de la Revolución cubana. Hay algo en esto que explica muchas de las aparentes contradicciones del llamado cuarto poder norteamericano. Los monopolios, como es habitual en estos casos, comenzaban a pensar en un sucesor de Batista, precisamente porque sabían que el pueblo no estaba conforme y que también lo buscaba, pero por caminos revolucionarios. ¿Qué golpe más inteligente y más hábil que quitar al dictadorzuelo inservible y poner en su lugar a los nuevos «muchachos» que podrían, en su día, servir altamente a los intereses del imperialismo? Jugo algún tiempo el imperio sobre esta carta su baraja continental y perdió lastimosamente. Antes del triunfo, sospechaban de nosotros, pero no nos temían; más bien apostaban a dos barajas, con la experiencia que tienen para este juego donde habitualmente no se pierde. Emisarios del Departamento de Estado, fueron varias veces, disfrazados de periodistas, a calar la revolución montuna, pero no pudieron extraer de ella el síntoma del peligro inminente. Cuando quiso reaccionar el imperialismo, cuando se dio cuenta que el grupo de jóvenes inexpertos que paseaban en triunfo por las calles de La Habana, tenía una amplia conciencia de su deber político y una férrea decisión de cumplir con ese deber, ya era tarde. Y así, amanecía, en enero de 1959, la primera revolución social de toda esta zona caribeña y la más profunda de las revoluciones americanas.

No creemos que se pueda considerar excepcional el hecho de que la burguesía, o, por lo menos, una buena parte de ella, se mostrara favorable a la guerra revolucionaria contra la tiranía, al mismo tiempo que apoyaba y promovía los movimientos tendientes a buscar soluciones negociadas que les permitieran sustituir el gobierno de Batista por elementos dispuestos a frenar la Revolución.

Teniendo en cuenta las condiciones en que se libró la guerra revolucionaria y la complejidad de las tendencias políticas que se oponían a la tiranía, tampoco resulta excepcional el hecho de que algunos elementos latifundistas adoptaran una actitud neutral o, al menos, no beligerante hacia las fuerzas insurreccionales.

Es comprensible que la burguesía nacional, acogotada por el imperialismo y por la tiranía, cuyas tropas calan a saco sobre la pequeña propiedad y hacían del cohecho un medio diario de vida, viera con cierta simpatía que estos jóvenes rebeldes de las montañas castigaran al brazo armado del imperialismo, que era el ejército mercenario.

Así, fuerzas no revolucionarias ayudaron de hecho a facilitar el camino del advenimiento del poder revolucionario.

Extremando las cosas, podemos agregar un nuevo factor de excepcionalidad, y es que, en la mayoría de los lugares de Cuba, el campesino se había proletarizado por las exigencias del gran cultivo capitalista semimecanizado y había entrado en una etapa organizativa que le daba una mayor conciencia de clase. Podemos admitirlo. Pero debemos apuntar, en honor a la verdad, que sobre el territorio primario de nuestro Ejército Rebelde, constituido por los sobrevivientes de la derrotada columna que hace el viaje del *Granma*, se asienta precisamente un campesinado de raíces sociales y culturales diferentes a las que pueden encontrarse en los parajes del gran cultivo semimecanizado cubano. En efecto, la Sierra Maestra, escenario de la primera columna revolucionaria, es un lugar donde se refugian todos los campesinos que, luchando a brazo partido contra el latifundio, van allí a buscar un nuevo pedazo de tierra que arrebatan al Estado o a algún voraz propietario latifundista para crear su pequeña riqueza. Deben estar en continua lucha contra las exacciones de los soldados, aliados siempre del poder latifundista, y su horizonte se cierra en el título de propiedad. Concretamente, el soldado que integraba nuestro primer ejército guerrillero de tipo campesino, sale de la parte de esta clase social que demuestra más agresivamente su amor por la tierra y su posesión, es decir, que demuestra mas perfectamente lo que puede catalogarse como espíritu pequeño burgués; el campesino lucha porque quiere tierra; para él, para sus hijos, para manejarla, para venderla y enriquecerse a través de trabajo.

A pesar de su espíritu pequeño burgués, el campesino aprende pronto que no puede satisfacerse su afán de posesión de la tierra, sin romper el sistema de la propiedad latifundista. La reforma agraria radical, que es la única que puede dar la tierra al campesino, choca con los intereses directos de los imperialistas, latifundistas y de los magnates azucareros y ganaderos. La burguesía teme chocar con esos intereses. El proletariado no teme chocar con ellos. De este modo, la marcha misma de la Revolución une a los obreros y a los campesinos. Los obreros sostienen la reivindicación contra el latifundio. El campesino pobre, beneficiado con la propiedad de la tierra, sostiene lealmente al poder revolucionario y lo defiende frente a los enemigos imperialistas y contrarrevolucionarios.

Creemos que no se puede alegar mas factores de excepcionalismo. Hemos sido generosos en extremarlos, veremos ahora, cuáles son las raíces permanentes de todos los fenómenos sociales de América, las contradicciones que, madurando en el seno de las sociedades actuales, provocan cambios que pueden adquirir la magnitud de una revolución como la cubana.

En orden cronológico, aunque no de importancia en estos momentos, figura el latifundio; el latifundio fue la base del poder económico de la clase dominante durante todo el período que sucedió a la gran revolución libertadora del anticolonialismo del siglo pasado. Pero esta clase social latifundista, que existe en todos los países, está por regla general a la zaga de los acontecimientos sociales que conmueven al mundo. En alguna parte, sin embargo, lo más alerta y esclarecido de esa clase latifundista advierte el peligro y va cambiando el tipo de inversión de sus capitales, avanzando a veces para efectuar cultivos mecanizados de tipo agrícola, trasladando una parte de sus intereses a algunas industrias o convirtiéndose en agentes comerciales del monopolio. En todo caso, la primera revolución libertadora no llegó nunca a destruir las bases latifundistas, que actuando siempre en forma reaccionaria, mantienen el principio de servidumbre sobre la tierra. Este es el fenómeno que asoma sin excepciones en todos los países de América y que ha sido substrato de todas las injusticias cometidas, desde la época en que el rey de España concediera a los muy nobles conquistadores las grandes mercedes territoriales, dejando, en el caso cubano, para los nativos, criollos y mestizos, solamente los realengos, es decir, la superficie que separa tres mercedes circulares que se tocan entre sí.

El latifundista comprendió, en la mayoría de los países que no podía sobrevivir solo, y rápidamente entró en alianza con los monopolios, vale decir con el más fuerte y fiero opresor de los pueblos americanos. Los capitales norteamericanos llegaron a fecundar las tierras vírgenes, para, llevarse después, insensiblemente, todas las divisas que antes, generosamente, habían regalado, más otras partidas que constituyen varias veces la suma originalmente invertida en el país «beneficiado».

América fue campo de la lucha interimperialista y las «guerras» entre Costa Rica y Nicaragua; la segregación de Panamá; la infamia cometida contra Ecuador en su disputa contra Perú; la lucha entre Paraguay y Bolivia; no son sino expresiones de esta batalla gigantesca entre los grandes consorcios monopolistas del mundo, batalla decidida casi completamente a favor de los monopolios norteamericanos después de la Segunda Guerra Mundial. De ahí en adelante el imperio se ha dedicado a perfeccionar su posesión colonial y a estructurar lo mejor posible todo el andamiaje para evitar que penetren los viejos o nuevos competidores de otros países imperialistas. Todo esto da por resultado una economía monstruosamente distorsionada, que ha sido descrita por los economistas pudorosos del régimen imperial con una frase inocua, demostrativa de la profunda piedad que nos tienen a nosotros, los seres inferiores (llaman «inditos» a nuestros indios explotados miserablemente, vejados y reducidos a la ignominia, llaman «de color» a todos los hombres de raza negra o mulata preteridos, discriminados, instrumentos, como persona y como idea de clase, para dividir a las masas obreras en su lucha por mejores destinos económicos); a nosotros, pueblos de América, se nos llama con otro nombre pudoroso y suave: «subdesarrollados».

¿Que es subdesarrollo?

Un enano de cabeza enorme y tórax henchido es «subdesarrollado» en cuanto a sus débiles piernas o sus cortos brazos no articulan con el resto de su anatomía; es el producto de un fenómeno teratológico que ha distorsionado su desarrollo. Eso es lo que en realidad somos nosotros, los suavemente llamados «subdesarrollados», en verdad países coloniales, semicoloniales o dependientes. Somos países de economía distorsionada por la acción imperial, que ha desarrollado anormalmente las ramas industriales o agrícolas necesarias para complementar su compleja economía. El «subdesarrollo», o el desarrollo distorsionado, conlleva peligrosas especializaciones en materias primas, que mantienen en la amenaza del hambre a todos nuestras pueblos. Nosotros, los «subdesarrollados», somos también los del monocultivo, los del monoproducto, los del monomercado. Un producto único cuya incierta venta depende de un mercado único que impone y fija condiciones, he aquí la gran fórmula de la dominación económica imperial, que se agrega a la vieja y eternamente joven divisa romana, divide e impera.

El latifundio, pues, a través de sus conexiones con el imperialismo, plasma, completamente el llamado «subdesarrollo» que da por resultado los bajos salarios y el desempleo. Este fenómeno de bajos salarios y desempleo es un círculo vicioso que da cada vez más bajos salarios y cada vez más desempleo, según se agudizan las grandes contradicciones del sistema y, constantemente a merced de las variaciones cíclicas de su economía, crean lo que es el denominador común de los pueblos de América, desde el río Bravo al Polo Sur. Ese denominador común, que pondremos con mayúscula y que sirve de base de análisis para todos los que piensan en estos fenómenos sociales, se llama Hambre del Pueblo, cansancio de estar oprimido, vejado, explotado al máximo, cansancio de vender día a día miserablemente la fuerza de trabajo (ante el miedo de engrosar la enorme masa de desempleados), para que se exprima de cada cuerpo humano el máximo de utilidades, derrochadas luego en las orgías de los dueños del capital.

Vemos, pues, cómo hay grandes e inesquivables denominadores comunes de América Latina, y cómo no podemos nosotros decir que hemos estado exentos de ninguno de estos entes ligados que desembocan en el más terrible y permanente: hambre del pueblo. El latifundio, ya como forma de explotación primitiva, ya como expresión de monopolio capitalista de la tierra, se conforma a las nuevas condiciones y se alía al imperialismo, forma de explotación del capital financiero y monopolista mas allá de las fronteras nacionales, para crear el colonialismo económico, eufemísticamente llamado «subdesarrollo», que da por resultado el bajo salario, el subempleo, el desempleo; el hambre de los pueblos. Todo existía en Cuba. Aquí también había hambre, aquí había una de las cifras porcentuales de desempleo más alta de América Latina, aquí el imperialismo era más feroz que en muchos de los países de América y aquí el latifundio existía con tanta fuerza como en cualquier país hermano.

¿Qué hicimos nosotros para liberarnos del gran fenómeno del imperialismo con su secuela de gobernantes títeres en cada país y sus ejércitos mercenarios, dispuestos a defender a ese títere y a todo el complejo sistema social de la explotación del hombre por el hombre? Aplicamos algunas fórmulas que ya otras veces hemos dado como descubrimiento de nuestra medicina empírica para los grandes males de nuestra querida América Latina, medicina empírica que rápidamente se enmarco dentro de las explicaciones de la verdad científica.

Las condiciones objetivas para la lucha están dadas por el hambre del pueblo, la reacción frente a ese hambre, el temor desatado para aplazar la reacción popular y la ola de odio que la represión crea. Faltaron en América condiciones subjetivas de las cuales la más importante es la conciencia de la posibilidad de la victoria por la vía violenta frente a los poderes imperiales y sus aliados internos. Esas condiciones se crean mediante la lucha armada que va haciendo más clara la necesidad del cambio (y permite preverlo) y de la derrota del ejército por las fuerzas populares y su posterior aniquilamiento (como condición imprescindible a toda revolución verdadera).

Apuntando ya que las condiciones se completan mediante el ejercicio de la lucha armada, tenemos que explicar una vez más que el escenario de esa lucha debe ser el campo, y que, desde el campo, con un ejército campesino que persigue los grandes objetivos por los que debe luchar el campesinado (el primero de los cuales es la justa distribución de la tierra), tomará las ciudades. Sobre la base ideológica de la clase obrera, cuyos grandes pensadores descubrieron las leyes sociales que nos rigen, la clase campesina de América dará el gran ejército libertador del futuro, como lo dio ya en Cuba. Ese ejército creado en el campo, en el cual van madurando las condiciones subjetivas para la toma del poder, que va conquistando las ciudades desde afuera, uniéndose a la clase obrera y aumentando el caudal ideológico con esos nuevos aportes, puede y debe derrotar al ejército opresor en escaramuzas, combates, sorpresas, al principio; en grandes batallas al final, cuando haya crecido hasta dejar su minúscula situación de guerrilla para alcanzar la de un gran ejército popular de liberación. Etapa de la consolidación del poder revolucionario será la liquidación del antiguo ejército, como apuntáramos arriba.

Si todas estas condiciones que se han dado en Cuba se pretendieran aplicar en los demás países de América Latina, en otras luchas por conquistar el poder para las clases desposeídas, ¿qué pasaría? ¿Sería factible o no? Si es factible, ¿sería más fácil o más difícil que en Cuba? Vamos a exponer las dificultades que a nuestro parecer harán más duras las nuevas luchas revolucionarias de América; hay dificultades generales para todos los países y dificultades más específicas para algunos cuyo grado de desarrollo o peculiaridades nacionales los diferencian de otros. Habíamos apuntado, al principio de este trabajo, que se podían considerar como factores de excepción la actitud del imperialismo, desorientado frente a la Revolución cubana y, hasta cierto punto, la actitud de la misma clase burguesa nacional, también desorientada, incluso mirando con cierta simpatía la acción de los rebeldes debido a la presión del imperio sobre sus intereses (situación esta última que es, por lo demás, general a todos nuestros países) Cuba ha hecho de nuevo la raya en la arena y se vuelve al dilema de Pizarro; de un lado, están los que quieren al pueblo, y del otro están los que lo odian y entre ellos, cada vez más determinada, la raya que divide indefectiblemente a las dos grandes fuerzas sociales: la burguesía y la clase trabajadora, que cada vez están definiendo con más claridad sus respectivas posiciones a medida que avanza el proceso de la Revolución cubana.

Esto quiere decir que el imperialismo ha aprendido a fondo la lección de Cuba, y que no volverá a ser tomado de sorpresa en ninguna de nuestras veinte repúblicas, en ninguna de las colonias que todavía existen, en ninguna parte de América. Quiere decir esto que grandes luchas populares contra poderosos ejércitos de invasión aguardan a los que pretendan ahora violar la paz de los sepulcros, la paz romana. Importante, porque, si dura fue la guerra de liberación cubana con sus dos años de continuo combate, zozobra e inestabilidad, infinitamente mas duras serán las nuevas batallas que esperan al pueblo en otros lugares de América Latina.

Los Estados Unidos apresuran la entrega de armas a los gobiernos títeres que ve más amenazados; los hace firmar, pactos de dependencia, para hacer jurídicamente más fácil el envío de instrumentos de represión y de matanza y tropas encargadas de ello. Además, aumenta la preparación militar de los cuadros en los ejércitos represivos, con la intención de que sirvan de punta de lanza eficiente contra el pueblo.

¿Y la burguesía? se preguntará. Porque en muchos países de América existen contradicciones objetivas entre las burguesías nacionales que luchan por desarrollarse y el imperialismo que inunda los mercados con sus artículos para derrotar en desigual pelea al industrial nacional, así como otras formas o manifestaciones de lucha por la plusvalía y la riqueza.

No obstante estas contradicciones las burguesías nacionales no son capaces, por lo general, de mantener una actitud consecuente de lucha frente al imperialismo.

Demuestra que temen más a la revolución popular, que a los sufrimientos bajo la opresión y el dominio despótico del imperialismo que aplasta a la nacionalidad, afrenta el sentimiento patriótico y coloniza la economía.

La gran burguesía se enfrenta abiertamente a la revolución y no vacila en aliarse al imperialismo y al latifundismo para combatir al pueblo y cerrarle el camino a la Revolución.

Un imperialismo desesperado e histérico, decidido a emprender toda clase de maniobra y a dar armas y hasta tropas a sus títeres para aniquilar a cualquier pueblo que se levante; un latifundismo feroz, inescrupuloso y experimentado en las formas más brutales de represión y una gran burguesía dispuesta a cerrar, por cualquier medio, los caminos a la revolución popular, son las grandes fuerzas aliadas que se oponen directamente a las nuevas revoluciones populares de la América Latina.

Tales son las dificultades que hay que agregar a todas las provenientes de luchas de este tipo en las nuevas condiciones de América Latina, después de consolidado el fenómeno irreversible de la Revolución cubana.

Hay otras más específicas. Los países que, aún sin poder hablar de una efectiva industrialización, han desarrollado su industria media y ligera o, simplemente, han sufrido procesos de concentración de su población en grandes centros, encuentran más difícil preparar guerrillas. Además la influencia ideológica de los centros poblados inhibe la lucha guerrillera y da vuelo a luchas de masas organizadas pacíficamente.

Esto último da origen a cierta «institucionalidad», a que en periodos más o menos «normales», las condiciones sean menos duras que el trato habitual que se da al pueblo.

Llega a concebirse incluso la idea de posibles aumentos cuantitativos en las bancas congresionales de los elementos revolucionarios hasta un extremo que permita un día un cambio cualitativo.

Esta esperanza, según creemos, es muy difícil que llegue a realizarse, en las condiciones actuales, en cualquier país de América. Aunque no esté excluida la posibilidad de que el cambio en cualquier país se inicie por vía electoral, las condiciones prevalecientes en ellos hacen muy remota esa posibilidad.

Los revolucionarios no pueden prever de antemano todas las variantes tácticas que pueden presentarse en el curso de la lucha por su programa liberador. La real capacidad de un revolucionario se mide por el saber encontrar tácticas revolucionarias adecuadas en cada cambio de la situación, en tener presente todas las tácticas y en explotarlas al máximo. Seria error imperdonable desestimar el provecho que puede obtener el programa revolucionario de un proceso electoral dado; del mismo modo que seria imperdonable limitarse tan sólo a lo electoral y no ver los otros medios de lucha, incluso la lucha armada, para obtener el poder, que es el instrumento indispensable para aplicar y desarrollar el programa revolucionario, pues si no se alcanza el poder, todas las demás conquistas son inestables, insuficientes, incapaces de dar las soluciones que se necesitan, por más avanzadas que puedan parecer.

Y cuando se habla de poder por vía electoral nuestra pregunta es siempre la misma: si un movimiento popular ocupa el gobierno de un país por amplia votación popular y resuelve, consecuentemente, iniciar las grandes transformaciones sociales que constituyen el programa por el cual triunfó, ¿no entraría en conflicto inmediatamente con las clases reaccionarias de ese país?, ¿no ha sido siempre el ejército el instrumento de opresión de esa clase? Si es así, es lógico razonar que ese ejército tomara partido por su clase y entrara en conflicto con el gobierno constituido. Puede ser derribado ese gobierno mediante un golpe de estado más o menos incruento y volver a empezar el juego de nunca acabar; puede a su vez, el ejército opresor ser derrotado mediante la acción popular armada en apoyo a su gobierno; lo que nos parece difícil es que las fuerzas armadas acepten de buen grado reformas sociales profundas y se resignen mansamente a su liquidación como casta.

En cuanto a lo que antes nos referimos de las grandes concentraciones urbanas, nuestro modesto parecer es que, aún en estos casos, en condiciones de atraso económico, puede resultar aconsejable desarrollar la lucha fuera de los límites de la ciudad, con características de larga duración. Más explícitamente, la presencia de un foco guerrillero en una montaña cualquiera, en un país con populosas ciudades, mantiene perenne el foco de rebelión, pues es muy difícil que los poderes represivos puedan rápidamente, y aún en el curso de años, liquidar guerrillas con bases sociales asentadas en un terreno favorable a la lucha guerrillera donde existan gentes que empleen consecuentemente la táctica y la estrategia de este tipo de guerra.

Es muy diferente lo que ocurriría en las ciudades; puede allí desarrollarse hasta extremos insospechados la lucha armada contra el ejército represivo pero, esa lucha se hará frontal solamente cuando haya un ejército poderoso que lucha contra otro ejército; no se puede entablar una lucha frontal contra un ejército poderoso y bien armado cuando sólo se cuenta con un pequeño grupo.

La lucha frontal se haría, entonces con muchas armas y, surge la pregunta: ¿dónde están las armas? Las armas no existen de por sí, hay que tomárselas al enemigo; pero, para tomárselas a ese enemigo hay que luchar, y no se puede luchar de frente. Luego, la lucha en las grandes ciudades debe iniciarse por un procedimiento clandestino para captar los grupos militares o para ir tomando armas, una a una en sucesivos golpes de mano.

En este segundo caso se puede avanzar mucho y no nos atreveríamos a afirmar que estuviera negado el éxito a una rebelión popular con base guerrillera dentro de la ciudad. Nadie puede objetar teóricamente esta idea, por lo menos no es nuestra intención, pero sí debemos anotar lo fácil que sería mediante alguna delación, o, simplemente, por exploraciones sucesivas, eliminar a los jefes de la Revolución. En cambio, aun considerando que efectúen todas las maniobras concebibles en la ciudad, que se recurra al sabotaje organizado y, sobre todo, a una forma particularmente eficaz de la guerrilla que es la guerrilla suburbana, pero manteniendo el núcleo en terrenos favorables para la lucha guerrillera, si el poder opresor derrota a todas las fuerzas populares de la ciudad y las aniquila, el poder político revolucionario permanece incólume, porque está relativamente a salvo de las contingencias de la guerra. Siempre considerando que está relativamente a salvo, pero no fuera de la guerra, ni la dirige desde otro país o desde lugares distantes; está dentro de su pueblo, luchando. Esas son las consideraciones que nos hacen pensar que, aún analizando países en que el predominio urbano es muy grande, el foco, central político de la lucha puede desarrollarse en el campo.

Volviendo al caso de contar con células militares que ayuden a dar el golpe y suministren las armas, hay dos problemas que analizar: primero, si esos militares realmente se unen a las fuerzas populares para el golpe, considerándose ellos mismos como núcleo organizado y capaz de autodecisión; en ese caso será un golpe de una parte del ejército contra otra y permanecerá, muy probablemente, incólume la estructura de casta en el ejército. El otro caso, el de que los ejércitos se unieran rápida y espontáneamente a las fuerzas populares, en nuestro concepto, solamente se puede producir después que aquellos hayan sido batidos violentamente por un enemigo poderoso y persistente, es decir, en condiciones de catástrofe para el poder constituido. En condiciones de un ejército derrotado, destruida la moral, puede ocurrir este fenómeno, pero para que ocurra es necesaria la lucha y siempre volvemos al punto primero, ¿cómo realizar esa lucha? La respuesta nos llevará al desarrollo de la lucha guerrillera en terrenos favorables, apoyada por la lucha en las ciudades y contando siempre con la más amplia participación posible de las masas obreras y, naturalmente, guiados por la ideología de esa clase.

Hemos analizado suficientemente las dificultades con que tropezarán los movimientos revolucionarios de América Latina, ahora cabe preguntarse si hay o no algunas facilidades con respecto a la etapa anterior, la de Fidel Castro en la Sierra Maestra.

Creemos que también aquí hay condiciones generales que faciliten el estallido de brotes de rebeldía y condiciones específicas de algunos países que las facilitan aun más. Debemos apuntar dos razones subjetivas como las consecuencias más importantes de la Revolución cubana: la primera es la posibilidad del triunfo, pues ahora se sabe perfectamente la capacidad de coronar con el éxito una empresa como la acometida por aquel grupo de ilusos expedicionarios del *Granma* en su lucha de dos años en la Sierra Maestra; eso indica inmediatamente que se puede hacer un movimiento revolucionario que actúe desde el campo, que se ligue a las masas campesinas, que crezca de menor a mayor, que destruya al ejército en lucha frontal, que tome las ciudades desde el campo, que vaya incrementando, con su lucha, las condiciones subjetivas necesarias, para tomar el poder.

La importancia que tiene este hecho, se ve por la cantidad de excepcionalistas que han surgido en estos momentos. Los excepcionalistas son los seres especiales que encuentran que la Revolución cubana es un acontecimiento único e inimitable en el mundo, conducido por un hombre que tiene o no fallas, según que el excepcionalista sea de derecha o de izquierda, pero que, evidentemente, ha llevado a la Revolución por unos senderos que se abrieron única y exclusivamente para que por ellos caminará la Revolución cubana. Falso de toda falsedad, decimos nosotros; la posibilidad de triunfo de las masas populares de América Latina esta claramente expresada por el camino de la lucha guerrillera, basada en el ejército campesino, en la alianza de los obreros con los campesinos, en la derrota del ejército en lucha frontal, en la toma de la ciudad desde el campo, en la disolución del ejército como primera etapa de la ruptura total de la superestructura del mundo colonialista anterior.

Podemos apuntar, como segundo factor subjetivo, que las masas no sólo saben las posibilidades de triunfo; ya conocen su destino. Saben cada vez con mayor certeza que, cualquiera que sean las tribulaciones de la historia durante períodos cortos, el porvenir es del pueblo, porque el porvenir es de la justicia social. Esto ayudara a levantar el fermento revolucionario aún a mayores alturas que las alcanzadas actualmente en Latinoamérica.

Podríamos anotar algunas consideraciones no tan genéricas y que no se dan con la misma intensidad en todos los países. Una de ellas, sumamente importante, es que hay más explotación campesina en general, en todos los países de América, que la que hubo en Cuba. Recuérdese, para los que pretenden ver en el período insurreccional de nuestra lucha el papel de la proletarización del campo, que, en nuestro concepto, la proletarización del campo sirvió para acelerar profundamente la etapa de cooperativización en el paso siguiente a la toma del poder y la Reforma Agraria, pero que, en la lucha primera, el campesino, centro y médula del Ejército Rebelde, es el mismo que está hoy en la Sierra Maestra, orgullosamente dueño de su parcela e intransigentemente individualista. Claro que en América hay particularidades; un campesino argentino no tiene la misma mentalidad que un campesino comunal del Perú, Bolivia o Ecuador, pero el hambre de tierra está permanentemente presente en los campesinos y el campesinado da la tónica general de América, y como, en general, está más explotado aún de lo que lo había sido en Cuba, aumenta las posibilidades de que esta clase se levante en armas.

Además, hay otro hecho. El ejército de Batista, con todos sus enormes defectos, era un ejército estructurado de tal forma que todos eran cómplices desde el último soldado al general más encumbrado, en la explotación del pueblo. Eran ejércitos mercenarios completos, y esto le daba una cierta cohesión al aparato represivo. Los ejércitos de América, en su gran mayoría, cuentan con una oficialidad profesional y con reclutamientos periódicos. Cada año, los jóvenes que abandonan su hogar escuchando los relatos de los sufrimientos diarios de sus padres, viéndolos con sus propios ojos, palpando la miseria y la injusticia social, son reclutados. Si un día son enviados como carne de cañón para luchar contra los defensores de una doctrina que ellos sienten como justa en su carne, su capacidad agresiva estará profundamente afectada y con sistemas de divulgación adecuados, haciendo ver a los reclutas la justicia de la lucha, el porqué de la lucha, se lograran resultados magníficos.

Podemos decir, después de este somero estudio del hecho revolucionario, que la Revolución cubana ha contado con factores excepcionales que le dan su peculiaridad y factores comunes a todos los pueblos de América que expresan la necesidad interior de esta Revolución. Y vemos también que hay nuevas condiciones que harán más fácil el estallido de los movimientos revolucionarios, al dar a las masas la conciencia de su destino; la conciencia de la necesidad y la certeza de la posibilidad; y que, al mismo tiempo, hay condiciones que dificultarán el que las masas en armas puedan rápidamente lograr su objetivo de tomar el poder. Tales son la alianza estrecha del imperialismo con todas las burguesías americanas, para luchar a brazo partido contra la fuerza popular. Días negros esperan a América Latina y las últimas declaraciones de los gobernantes de los Estados Unidos, parecen indicar que días negros esperan al mundo: Lumumba, salvajemente asesinado, en la grandeza de su martirio muestra la enseñanza de los trágicos errores que no se deben cometer. Una vez iniciada la lucha antiimperialista, es indispensable ser consecuente y se debe dar duro, donde duela, constantemente y nunca dar un paso atrás; siempre adelante, siempre contragolpeando, siempre respondiendo a cada agresión con una más fuerte presión de las masas populares. Es la forma de triunfar. Analizaremos en otra oportunidad, si la Revolución cubana después de la toma del poder, caminó por estas nuevas vías revolucionarias con factores de excepcionalidad o si también aquí, aún respetando ciertas características especiales, hubo fundamentalmente un camino lógico derivado de leyes inmanentes a los procesos sociales.

Discurso y contrarréplica
en Naciones Unidas*
(11 de diciembre de 1964)

Señores presidentes; señores delegados:

La representación de Cuba ante esta Asamblea se complace en cumplir, en primer término, el agradable deber de saludar la incorporación de tres nuevas naciones al importante número de las que aquí discuten problemas del mundo. Saludamos, pues, en las personas de su Presidente y Primeros Ministros, a los pueblos de Zambia, Malawi y Malta y hacemos votos porque estos países se incorporen desde el primer momento al grupo de naciones no alineadas que luchan contra el imperialismo, el colonialismo y el neocolonialismo.

Hacemos llegar también nuestra felicitación al Presidente de esta Asamblea, cuya exaltación a tan alto cargo tiene singular significación pues ella refleja esta nueva etapa histórica de resonantes triunfos para los pueblos de África hasta ayer sometidos al sistema colonial del imperialismo y que hoy, en su inmensa mayoría, en el

---

* Fragmentos del discurso pronunciado en la XIX Asamblea General de las Naciones Unidas, el 11 de diciembre de 1964 y de la contrarréplica ante pronunciamientos anticubanos emitidos por algunas delegaciones de países latinoamericanos.

ejercicio legítimo de su libre determinación, se han constituido en estados soberanos. Ya ha sonado la hora postrera del colonialismo y millones de habitantes de África, Asia y América Latina se levantan al encuentro de una nueva vida e imponen su irrestricto derecho a la autodeterminación y el desarrollo independiente de sus naciones. Le deseamos, señor Presidente, el mayor de los éxitos en la tarea que le fuera encomendada por los países miembros.

Cuba viene a fijar su posición sobre los puntos más importantes de controversia y lo hará con todo el sentido de la responsabilidad que entraña el hacer uso de esta tribuna; pero al mismo tiempo, respondiendo al deber insoslayable de hablar con toda claridad y franqueza. Quisiéramos ver desperezarse a esta Asamblea y marchar hacia adelante, que las comisiones comenzaran su trabajo y que este no se detuviera en la primera confrontación. El imperialismo quiere convertir esta reunión en un vano torneo oratorio en vez de resolver los graves problemas del mundo; debemos impedírselo. Esta Asamblea no debiera recordarse en el futuro sólo por el número XIX que la identifica. A lograr ese fin van encaminados nuestros esfuerzos.

[...]

De todos los problemas candentes que deben tratarse en esta Asamblea uno de los que para nosotros tiene particular significación y cuya definición creemos debe hacerse en forma que no deje dudas a nadie, es el de la coexistencia pacífica entre estados de diferentes regímenes económico sociales. Mucho se ha avanzado en el mundo en este campo; pero el imperialismo —norteamericano sobre todo— ha pretendido hacer creer que la coexistencia pacífica es de uso exclusivo de las grandes potencias de la tierra. Nosotros expresamos aquí lo mismo que nuestro Presidente expresara en El Cairo y lo que después quedara plasmado en la declaración de la Segunda Conferencia de Jefes de Estado o de Gobierno de Países no Alineados: que no puede haber coexistencia pacífica entre poderosos solamente, si se pretende asegurar la paz del mundo. La coexistencia pacífica debe ejercitarse entre todos los estados, independientemente de su tamaño, de las anteriores relaciones históricas que los ligara y de los problemas que se suscitaren entre algunos de ellos, en un momento dado.

[...]

Señor Presidente: uno de los temas fundamentales de esta Conferencia es el del desarme general y completo. Expresamos nuestro acuerdo con el desarme general y completo; propugnamos, además, la destrucción total de los artefactos termonucleares y apoyamos la celebración de una conferencia de todos los países del mundo para llevar a cabo estas aspiraciones de los pueblos. Nuestro Primer Ministro advertía, en su intervención ante esta Asamblea, que siempre las carreras armamentistas han llevado a la guerra. Hay nuevas potencias atómicas en el mundo; las posibilidades de una confrontación crecen.

Nosotros consideramos que es necesaria esa conferencia con el objetivo de lograr la destrucción total de las armas termonucleares y, como primera medida, la prohibición total de pruebas. Al mismo tiempo, debe establecerse claramente la obligación de todos los países de respetar las actuales fronteras de otros estados; de no ejercer acción agresiva alguna, aun cuando sea con armas convencionales. Al unirnos a la voz de todos los países del mundo que piden el desarme general y completo, la destrucción de todo el arsenal atómico, el cese absoluto de la fabricación de nuevos artefactos termonucleares y las pruebas atómicas de cualquier tipo creemos necesario puntualizar que, además, debe también respetarse la integridad territorial de las naciones y debe detenerse el brazo armado del imperialismo, no menos peligroso porque solamente empuñe armas convencionales quienes asesinaron miles de indefensos ciudadanos del Congo, no se sirvieron del arma atómica; han sido armas convencionales, empuñadas por el imperialismo, las causantes de tanta muerte.

Aun cuando las medidas aquí preconizadas, de hacerse efectivas, harían inútil la mención, es conveniente recalcar que no podemos adherirnos a ningún pacto regional de desnuclearización mientras los Estados Unidos mantengan bases agresivas en nuestro propio territorio, en Puerto Rico, Panamá y otros estados americanos, donde se considera con derecho a emplazar, sin restricción alguna, tanto armas convencionales como nucleares. Descontando que las últimas resoluciones de la OEA [Organización de Estados Americanos], contra nuestro país, al que se podría agredir invocando el Tratado de Río, hace necesaria la posesión de todos los medios defensivos a nuestro alcance.

[…]

Por otra parte, expresamos una vez más que las lacras coloniales que detienen el desarrollo de los pueblos no se expresan solamente en relaciones de índole política: el llamado deterioro de los términos de intercambio no es otra cosa que el resultado del intercambio desigual entre países productores de materia prima y países industriales que dominan los mercados e imponen la aparente justicia de intercambio igual de valores.

Mientras los pueblos económicamente dependientes no se liberen de los mercados capitalistas y, en firme bloque con los países socialistas, impongan nuestras relaciones entre explotadores y explotados, no habrá desarrollo económico sólido, y se retrocederá, en ciertas ocasiones volviendo a caer los países débiles bajo el dominio político de los imperialistas y colonialistas.

[…]

Cuarenta y siete países reunidos en la Segunda Conferencia de jefes de Estado o de gobierno de Países No Alineados en El Cairo, acordaron, por unanimidad:

> La Conferencia, advirtiendo con preocupación que las bases militares extranjeras constituyen, en la práctica un medio para ejercer presión sobre las naciones, y entorpecen su emancipación y su desarrollo, según sus concepciones ideológicas, políticas, económicas y culturales, declara que apoya sin reservas a los países que tratan de lograr la supresión de las bases extranjeras establecidas en su territorio y pide a todos los Estados la inmediata evacuación de las tropas y bases que tienen en otros países.

La Conferencia considera que el mantenimiento por los Estados Unidos de América de una base militar en Guantánamo [Cuba], contra la voluntad del Gobierno y el pueblo de Cuba, y contra las disposiciones de la Declaración de la Conferencia de Belgrado, constituye una violación de la soberanía y la integridad territorial de Cuba.

La Conferencia, considerando que el Gobierno de Cuba se declara dispuesto a resolver su litigio con el Gobierno de los Estados Unidos de América acerca de la base de Guantánamo en condiciones de igualdad, pide encarecidamente al Gobierno de los Estados Unidos que entable negociaciones con el Gobierno de Cuba para evacuar esa base.

El Gobierno de los Estados Unidos no ha respondido a esa instancia de la Conferencia de El Cairo y pretende mantener indefinidamente ocupado por la fuerza un pedazo de nuestro territorio, desde el cual lleva a cabo agresiones como las detalladas anteriormente.

La Organización de Estados Americanos, también llamada por los pueblos Ministerio de Colonias norteamericano nos condenó «enérgicamente», aún cuando ya antes nos había excluido de su seno, ordenando a los países miembros que rompieran relaciones diplomáticas y comerciales con Cuba. La OEA autorizó la agresión a nuestro país, en cualquier momento, con cualquier pretexto, violando las más elementales leyes internacionales e ignorando por completo a la Organización de Naciones Unidas.

A aquella medida se opusieron con sus votos los países de Uruguay, Bolivia, Chile y México; y se opuso a cumplir la sanción, una vez aprobada, el Gobierno de los Estados Unidos Mexicanos; desde entonces no tenemos relaciones con países latinoamericanos salvo con aquel Estado, cumpliéndose así una de las etapas previas a la agresión directa del imperialismo.

Queremos aclarar, una vez más, que nuestra preocupación por Latinoamérica está basada en los lazos que nos unen: la lengua que hablamos, la cultura que sustentamos, el amo común que tuvimos. Que no nos anima ninguna otra causa para desear la liberación de

Latinoamérica del yugo colonial norteamericano.. Si algunos de los países latinoamericanos aquí presentes decidieran restablecer relaciones con Cuba, estaríamos dispuestos a hacerlo sobre bases de igualdad y no con el criterio de que es una dádiva a nuestro Gobierno el reconocimiento como país libre del mundo, porque ese reconocimiento lo obtuvimos con nuestra sangre en los días de la lucha de liberación, lo adquirimos con sangre en la defensa de nuestras playas frente a la invasión yanqui.

Aun cuando nosotros rechazamos que se nos pretenda atribuir ingerencias en los asuntos internos de otros países, no podemos negar nuestra simpatía hacia los pueblos que luchan por su liberación y debemos cumplir con la obligación de nuestro Gobierno y nuestro pueblo de expresar contundentemente al mundo que apoyamos moralmente y no solidarizamos con los pueblos que luchan en cualquier parte del mundo para hacer realidad los derechos de soberanía plena proclamados en la Carta de las Naciones Unidas.

Los Estados Unidos sí intervienen; lo han hecho históricamente en América. Cuba conoce desde fines del siglo pasado esta verdad, pero la conocen también Colombia, Venezuela, Nicaragua y la América Central en general, México, Haití, Santo Domingo.

En años recientes, además de nuestro pueblo, conocen de la agresión directa Panamá, donde los marines del Canal tiraron a mansalva sobre el pueblo inerme; Santo Domingo, cuyas costas fueron violadas por la flota yanqui para evitar el estallido de la justa ira popular, luego del asesinato de Trujillo; y Colombia, cuya capital fue tomada por asalto a raíz de la rebelión provocada por el asesinato de Gaitán.

Se producen intervenciones solapadas por intermedio de las misiones militares que participan en la represión interna, organizando las fuerzas destinadas a ese fin en buen número de países, y también en todos los golpes de estado, llamados «gorilazos», que tantas veces se repitieron en el continente americano durante los últimos tiempos.

Concretamente intervienen fuerzas de los Estados Unidos en la represión de los pueblos de Venezuela, Colombia y Guatemala que luchan con las armas por su libertad. En el primero de los países nombrados, no sólo asesoran al ejército y a la policía, sino que también dirigen los genocidios, efectuados desde el aire contra la población campesina de amplias regiones insurgentes y, las compañías yanquis instaladas allí, hacen presiones de todo tipo para aumentar la ingerencia directa.

Los imperialistas se preparan a reprimir a los pueblos americanos y están formando la internacional del crimen.

Los Estados Unidos intervienen en América invocando la defensa de las instituciones libres. Llegará el día en que esta Asamblea adquiera aún más madurez y le demande al Gobierno norteamericano garantías para la vida de la población negra y latinoamericana que vive en este país, norteamericanos de origen o adopción, la mayoría de ellos. ¿Cómo puede constituirse en gendarme de la libertad quien asesina a sus propios hijos y los discrimina diariamente por el color de la piel, quien deja en libertad a los asesinos de los negros, los protege además, y castiga a la población negra por exigir respeto a sus legítimos derechos de hombres libres?

Comprendemos que hoy la Asamblea no está en condiciones de demandar explicaciones sobre estos hechos, pero debe quedar claramente sentado que el Gobierno de los Estados Unidos no es gendarme de la libertad, sino perpetuador de la explotación y la opresión contra los pueblos del mundo y contra buena parte de su propio pueblo.

Al lenguaje anfibológico con que algunos delegados han dibujado el caso de Cuba y la OEA nosotros contestamos con palabras contundentes y proclamamos que los pueblos de América cobrarán a los gobiernos entreguistas su traición.

Cuba, señores delegados, libre y soberana, sin cadenas que la aten a nadie, sin inversiones extranjeras en su territorio, sin procónsules que oriente su política, puede hablar con la frente alta en esta Asamblea y demostrar la justeza de la frase con que la bautizaran: «Territorio libre de América».

Nuestro ejemplo fructificará en el Continente como lo hace ya, en cierta medida, en Guatemala, Colombia y Venezuela.

No hay enemigo pequeño ni fuerza desdeñable, porque ya no hay pueblos aislados. Como establece la Segunda Declaración de La Habana:

> Ningún pueblo de América Latina es débil, porque forma parte de una familia de doscientos millones de hermanos que padecen las mismas miserias, albergan los mismos sentimientos, tienen el mismo enemigo, sueñan todas un mismo mejor destino y cuentan con la solidaridad de todos los hombres y mujeres honrados del mundo.

> Esta epopeya que tenemos delante la van a escribir las masas hambrientas de indios, de campesinos sin tierra, de obreros explotados; la van a escribir las masas progresistas, los intelectuales honestos y brillantes que tanto abundan en nuestras sufridas tierras de América Latina. Lucha de masas y de ideas, epopeya que llevarán adelante nuestros pueblos maltratados y despreciados por el imperialismo, nuestros pueblos desconocidos hasta hoy, que ya empiezan a quitarle el sueño.

> Nos consideraban rebaño impotente y sumiso y ya se empiezan a asustar de ese rebaño, rebaño gigante de doscientos millones de latinoamericanos en los que advierte ya sus sepultureros el capital monopolista yanqui.

> La hora de su reivindicación, la hora que ella misma se ha elegido, la vienen señalando con precisión también de un extremo a otro del Continente. Ahora esta masa anónima, esta América de color, sombría, taciturna, que canta en todo el Continente con una misma tristeza y desengaño, ahora esta masa es la que empieza a entrar definitivamente en su propia historia, la empieza a escribir con su sangre, la empieza a sufrir y a morir, porque ahora por los campos y las montañas de América, por las faldas de sus sierras, por sus llanuras y sus selvas, entre la soledad o el tráfico de las ciudades, en las costas de los grandes océanos y ríos se empieza a estremecer este mundo lleno de corazones con los puños calientes de deseos de morir por lo suyo, de conquistar sus derechos casi quinientos años burlados por unos y por otros. Ahora, sí,

la historia tendrá que contar con los pobres de América, con los explotados y vilipendiados, que han decidido empezar a escribir ellos mismos, para siempre, su historia. Ya se les ve por los caminos un día y otro a pie, en marchas sin término de cientos de kilómetros, para llegar hasta los «olimpos» gobernantes a recabar sus derechos. Ya se les ve, armados de piedras, de palos, de machetes, en un lado y otro, cada día, ocupando las tierras, afincando sus garfios en las tierras que les pertenecen y defendiéndolas con sus vidas, se les ve llevando sus cartelones, sus banderas, sus consignas, haciéndolas correr en el viento por entre las montañas o a lo largo de los llanos. Y esa ola de estremecido rencor, de justicia reclamada, de derecho pisoteado, que se empieza a levantar por entre las tierras de Latinoamérica, esa ola ya no parara más. Esa ola ira creciendo cada día que pase. Porque esa ola la forman los más, los mayoritarios en todos los aspectos, los que acumulan con trabajo las riquezas, crean los valores, hacen andar las ruedas de la historia y que ahora despiertan del largo sueño embrutecedor a que los sometieron.

Porque esta gran humanidad ha dicho « ¡Basta!» y ha echado a andar. Y su marcha de gigante, ya no se detendrá hasta conquistar la verdadera independencia, por la que ya han muerto más de una vez inútilmente. Ahora, en todo caso, los que mueran, morirán como los de Cuba, los de Playa Girón, morirán por su única, verdadera e irrenunciable independencia.

Todo esto, señores delegados, esta disposición nueva de un continente, de América, está plasmada y resumida en el grito que día a día, nuestras masas proclaman como expresión irrefutable de su decisión de lucha, paralizando la mano armada del invasor. Proclama que cuenta con la comprensión y el apoyo de todos los pueblos del mundo y especialmente, del campo socialista, encabezado por la Unión Soviética.

Esa proclama es: ¡Patria o Muerte!

Fragmentos de la contrarréplica ante pronunciamientos anticubanos

Pido disculpas por tener que ocupar por segunda vez esta tribuna. Lo hago haciendo uso del derecho de réplica.

Naturalmente, aunque no estamos interesados especialmente en ello, esto que podría llamarse ahora la contrarréplica, podríamos seguir extendiéndola haciendo la contrarréplica y así hasta el infinito.

Nosotros contestaremos una por una las afirmaciones de los delegados que impugnaron la intervención de Cuba, y lo haremos en el espíritu en que cada uno de ellos lo hizo, aproximadamente.

[…]

…puede ser que en el acento que utilizara al hablar se escapara algo de la Argentina. He nacido en la Argentina; no es un secreto para nadie. Soy cubano y también soy argentino y, si no se ofenden las ilustrísimas señorías de Latinoamérica, me siento tan patriota de Latinoamérica, de cualquier país de Latinoamérica, como el que más y, en el momento en que fuera necesario, estaría dispuesto a entregar mi vida por la liberación de cualquiera de los países de Latinoamérica, sin pedirle nada a nadie, sin exigir nada, sin explotar a nadie. Y así en esa disposición de ánimo, no está solamente este representante transitorio ante esta Asamblea. El pueblo de Cuba entero está con esa disposición. El pueblo de Cuba entero vibra cada vez que se comete una injusticia, no solamente en América, sino en el mundo entero. Nosotros podemos decir lo que tantas veces hemos dicho de apotegma maravilloso de Martí, de que todo hombre verdadero debe sentir en la mejilla el golpe dado a cualquier mejilla de hombre. Eso, el pueblo entero de Cuba, lo siente así; señores representantes.

[…]

El representante de Panamá, que ha tenido la gentileza de apodarme Che, como me apoda el pueblo de Cuba, empezó hablando de la Revolución mexicana. La delegación de Cuba hablaba de la masacre norteamericana contra el pueblo de Panamá, y la delegación de Panamá empieza hablando de la Revolución mexicana y siguió en este mismo estilo, sin referirse para nada a la masacre norteamericana por la que el Gobierno de Panamá rompió relaciones con los Estados Unidos. Tal vez en el lenguaje de la política entreguista, esto se llame táctica; en el lenguaje revolucionario, esto, señores, se llama abyección con todas las letras. Se refirió a la invasión del año 1959. Un grupo de aventureros, encabezados por un barbudo de café, que nunca había estado en la Sierra Maestra y que ahora está en Miami, o en alguna base o en algún lugar, logró entusiasmar a un grupo de muchachos y realizar aquella aventura. Oficiales del Gobierno cubano trabajaron conjuntamente con el Gobierno panameño para liquidar aquello. Es verdad que salieron de puerto cubano, y también es verdad que discutimos en un plano amistoso en aquella oportunidad.

De todas las intervenciones que hay aquí contra la delegación de Cuba, la que parece inexcusable en todo sentido es la intervención de la delegación de Panamá. No tuvimos la menor intención de ofenderla ni de ofender a su Gobierno. Pero también es verdad otra cosa: no tuvimos tampoco la menor intención de defender al Gobierno de Panamá. Queríamos defender al pueblo de Panamá con una denuncia ante las Naciones Unidas, ya que su Gobierno no tiene el valor, no tiene la dignidad de plantear aquí las cosas con su verdadero nombre. No quisimos ofender al Gobierno de Panamá, ni tampoco lo quisimos defender. Para el pueblo de Panamá, nuestro pueblo hermano, va nuestra simpatía y tratamos de defenderlo con nuestra denuncia.

Entre las afirmaciones del representante de Panamá se encuentra una muy interesante. Dice que, a pesar de las bravatas cubanas, todavía está allí la base. En la intervención, que estará fresca en la memoria de los representantes, tiene que reconocerse que hemos denunciado más de 11 300 provocaciones de la base, «de todo tipo», que van de algunas nimias hasta disparos de armas de fuego. Hemos explicado cómo no queremos caer en provocaciones, porque conocemos las consecuencias que ellas puedan traer para nuestro pueblo; hemos planteado el problema de la base de Guantánamo en todas las conferencias internacionales y siempre hemos reclamado el derecho del pueblo de Cuba a recobrar esa base por medios pacíficos.

No hemos echado nunca bravatas, porque no las echamos, señor representante de Panamá, porque los hombres como nosotros, que están dispuestos a morir, que dirigen un pueblo entero dispuesto a morir por defender su causa, nunca necesitan echar bravatas. No echamos bravatas en Playa Girón; no echamos bravatas cuando la Crisis de Octubre, cuando todo el pueblo estuvo enfrente del hongo atómico con el cual los norteamericanos amenazan a nuestra Isla, y todo el pueblo marchó a las trincheras, marchó a las fábricas, para aumentar la producción. No hubo un solo paso atrás; no hubo un solo quejido, y miles y miles de hombres que no pertenecían a nuestras milicias entraron voluntariamente a ellas en momentos en que el imperialismo norteamericano amenazaba con echar una bomba o varias bombas atómicas o un ataque atómico sobre Cuba. Ese es nuestro país y un país así, cuyos dirigentes y cuyo pueblo —lo puedo decir aquí con la frente muy alta— no tienen el más mínimo miedo a la muerte y conocen bien la responsabilidad de sus actos, nunca echa bravatas. Eso sí: lucha hasta la muerte, señor representante de Panamá, si es necesario, y luchará hasta la muerte, con su Gobierno, todo el pueblo de Cuba si es agredido.

El señor representante de Colombia manifiesta, en tono, medido —yo también tengo que cambiar el tono— que hay dos aseveraciones inexactas: una, la invasión yanqui en 1948 a raíz del asesinato de Jorge Eliecer Gaitán; y, por el tono de voz del señor representante de Colombia, se advierte que siente muchísimo aquella muerte: está profundamente apenado.

Nosotros nos referimos, en nuestro discurso, a otra intervención anterior que, tal vez, el señor representante de Colombia olvidó: la intervención norteamericana sobre la segregación de Panamá. Después, manifestó que no hay tropas de liberación en Colombia, porque no hay nada que liberar en Colombia, donde se habla con tanta naturalidad de la democracia representativa y solo hay dos partidos políticos que se distribuyen el poder mitad y mitad durante años, de acuerdo con una democracia fantástica, la oligarquía colombiana ha llegado al súmmum de la democracia, podemos decir. Se divide en liberales y conservadores y en conservadores y liberales; cuatro años unos y cuatro años otros. Nada cambia. Esas son las democracias de elecciones; esas son las democracias representativas que defiende, probablemente con todo entusiasmo, el señor representante de Colombia, en ese país donde se dice que hay 200 mil o 300 mil muertos a raíz de la guerra civil que incendiara a Colombia después de la muerte de Gaitán. Y, sin embargo, se dice que no hay nada que liberar. No habrá nada que vengar, tampoco; no habrá miles de muertos que vengar; no habrá habido ejércitos masacrando pueblos y no será ese mismo ejército el que masacra el pueblo desde el año 1948. Lo que está ahí lo han cambiado algo, o sus generales son distintos, o sus mandos son distintos u obedecen a otra clase distinta de la que masacró al pueblo durante cuatro años de una larga lucha y lo siguió masacrando intermitentemente durante varios años más. Y se dice que no hay que liberar nada. ¿No recuerda el señor representante de Colombia que en Marquetalia hay fuerzas a las cuales los propios periódicos colombianos han llamado «La República Independiente de Marquetalia» y a uno de cuyos dirigentes se le ha puesto el apodo de Tiro Fijo para tratar de convertirlo en un vulgar bandolero?¿Y no sabe que allí se hizo una gran operación por parte de 16 000 hombres del ejército colombiano, asesorados por militares norteamericanos, y con la utilización de una serie de elementos, como helicópteros y, probablemente —aunque no puedo asegurarlo— con aviones, también del ejercito norteamericano?

Parece que el señor representante de Colombia tiene mala información por estar alejado de su país o su memoria es un poco deficiente. Además, el señor representante de Colombia manifestó con toda soltura que si Cuba hubiera seguido en la órbita de los estados americanos otra cosa sería. Nosotros no sabemos bien a que se referirá con esto de la órbita; pero órbita tienen los satélites y nosotros no somos satélites. No estamos en ninguna órbita; estamos fuera de órbita.

Naturalmente que si hubiéramos estado en la órbita de los estados americanos, hubiéramos hecho aquí un melifluo discurso de algunas cuartillas en un español naturalmente mucho más fino, mucho más sustancioso y adjetivado, y hubiéramos hablado de las bellezas del sistema interamericano y de nuestra defensa firme, inconmovible, del mundo libre dirigido por el centro de la órbita que todos ustedes saben quién es. No necesito nombrarlo.

El señor representante de Venezuela también empleó un tono moderado, aunque enfático. Manifestó que son infames las acusaciones de genocidio y que realmente era increíble que el Gobierno cubano se ocupara de estas cosas de Venezuela existiendo tal represión contra su pueblo. Nosotros tenemos que decir aquí lo que es una verdad conocida, que la hemos expresado siempre ante el mundo: fusilamientos, sí, hemos fusilado; fusilamos y seguiremos fusilando mientras sea necesario. Nuestra lucha es una lucha a muerte. Nosotros sabemos cuál sería el resultado de una batalla perdida y también tienen que saber los gusanos cuál es el resultado de la batalla perdida hoy en Cuba. En esas condiciones nosotros vivimos por la imposición del imperialismo norteamericano. Pero, eso sí: asesinatos no cometemos, como está cometiendo ahora en estos momentos, la policía política venezolana que creo recibe el nombre de Digepol, si no estoy mal informado. Esa policía ha cometido una serie de actos de barbarie, de fusilamientos, es decir, asesinatos y después ha tirado los cadáveres en algunos lugares. Esto ha ocurrido contra la persona, por ejemplo, de estudiantes, etcétera.

La prensa libre de Venezuela fue suspendida varias veces en estos últimos tiempos por dar una serie de datos de este tipo. Los aviones militares venezolanos, con la asesoría yanqui, sí, bombardean zonas extensas de campesinos, matan campesinos; sí, crece la rebelión popular en Venezuela, y sí, veremos el resultado después de algún tiempo.

El señor representante de Venezuela está indignado. Yo recuerdo la indignación de los señores representantes de Venezuela cuando la delegación cubana en Punta del Este leyó los informes secretos que los voceros de los Estados Unidos de América tuvieron a bien hacernos llegar en una forma indirecta, naturalmente. En aquel momento leímos ante la asamblea de Punta del Este la opinión que tenían los señores representantes de los Estados Unidos del Gobierno venezolano. Anunciaban algo interesantísimo que —perdonen la inexactitud porque no puedo citar ahora textualmente— podría ser más o menos así: «O esta gente cambia o aquí todos van a ir al paredón». El paredón es la forma en que se pretende definir a la Revolución cubana; el paredón de fusilamiento.

Los miembros de la embajada norteamericana anunciaban, en documentos irrefutables, que ese era el destino de la oligarquía venezolana si no cambiaba sus métodos, y así se le acusaba de latrocinio y, en fin, se le hacían toda una serie de terribles acusaciones de ese orden.

La delegación venezolana se indignó muchísimo; naturalmente, no se indignó con los Estados Unidos; se indignó con la representación cubana que tuvo a bien leerle las opiniones que los Estados Unidos tenían de su Gobierno y, también de su pueblo. Si la única respuesta que hubo a todo esto es que el señor Moscoso, que fue quien graciosamente cedió documentos en forma indirecta, fue cambiado de cargo.

Le recordamos esto al señor representante de Venezuela porque las revoluciones no se exportan; las revoluciones actúan y la Revolución venezolana actuará en su momento, y los que no tengan avión listo —como hubo en Cuba— para huir hacia Miami o hacia otros lugares, tendrán que afrontar allí lo que el pueblo venezolano decida. No echen culpas a otros pueblos, a otros gobiernos, de lo que pueda suceder allí. Quiero recomendar al señor representante de Venezuela, que, si tiene interés, lea algunas interesantísimas opiniones, sobre lo que es la guerra guerrillera y cómo combatirla, que algunos de los elementos más inteligentes del COPEI han escrito y publicado en la prensa de su país…

Verá que no es con bombas y asesinatos como se puede combatir a un pueblo en armas. Precisamente, esto es lo que hace más revolucionarios a los pueblos. Lo conocemos bien. Está mal que a un enemigo declarado le hagamos el favor de mostrarle la estrategia contraguerrillera, pero lo hacemos porque sabemos que su ceguera es tanta que no la seguirá.

[...]

Agradezco al señor Stevenson su referencia histórica sobre mi larga vida como comunista y revolucionario que culmina en Cuba. Como siempre, las agencias norteamericanas, no sólo en noticias, sino de espionaje, confunden las cosas. Mi historia de revolucionario es corta y realmente empieza en el *Granma* y sigue hasta este momento.

No pertenecía al Partido Comunista hasta ahora que estoy en Cuba y podemos proclamar todos ante esta Asamblea el marxismo-leninismo que sigue como teoría de acción la Revolución cubana. Lo importante no son las referencias personales; lo importante es que el señor Stevenson una vez más dice que no hay violación de las leyes, que los aviones no salen de aquí, como tampoco los barcos, por supuesto; que los ataques piratas surgen de la nada, que todo surge de la nada. Utiliza ella misma voz, la misma seguridad, el mismo acento de intelectual serio y firme que usara en 1961 para sostener, enfáticamente, que aquellos aviones cubanos habían salido de territorio cubano y que se trataba de exiliados políticos, antes de ser desmentido. Naturalmente, me explico, una vez más, que el distinguido colega, el señor Stevenson, haya tenido a bien retirarse de esta Asamblea.

Los Estados Unidos pretenden que pueden realizar los vuelos de vigilancia porque los aprobó la Organización de Estados Americanos. ¿Quién es la Organización de los Estados Americanos para aprobar vuelos de vigilancia sobre el territorio de un país? ¿Cuál es el papel que juegan las Naciones Unidas? ¿Para qué está la Organización si nuestro destino va a depender de la órbita, como tan bien ha definido el señor representante de Colombia, de la Organización de Estados Americanos? Esta es una pregunta muy seria y muy importante, que hay que hacer ante esta Asamblea. Porque nosotros, país pequeño, no podemos aceptar, de ninguna manera, el derecho de un país grande a violar nuestro espacio aéreo; muchísimo menos con la pretensión insólita de que sus actos tienen la juridicidad que le da la Organización de Estados Americanos, la que nos expulsó de su seno y con la cual no nos liga vínculo alguno.

Son muy serias las afirmaciones del representante de los Estados Unidos.

Quiero decir únicamente dos pequeñas cosas. No pienso, ocupar todo el tiempo de la Asamblea en estas réplicas y contrarréplicas.

Dice el señor representante de los Estados Unidos que Cuba echa la culpa de su desastre económico al bloqueo, cuando ese es un problema consecuencia de la mala administración del Gobierno. Cuando nada de esto había ocurrido, cuando empezaron las primeras leyes nacionales en Cuba, los Estados Unidos comenzaron a tomar acciones económicas represivas, tales como la supresión unilateral, sin distinción alguna, de la cuota de azúcar, que tradicionalmente vendíamos al mercado norteamericano. Asimismo, se negaron a refinar el petróleo que habíamos comprado a la Unión Soviética en uso de legítimo derecho y amparados en todas las leyes posibles.

No repetiré la larga historia de las agresiones económicas, de los Estados Unidos. Sí diré, que a pesar de esas agresiones, con la ayuda fraterna de los países socialistas, sobre todo de la Unión Soviética, nosotros hemos salido adelante y continuaremos haciéndolo; que aun cuando condenamos el bloqueo económico, el no nos detendrá y, pase lo que pase, seguiremos constituyendo un pequeño dolor de cabeza cuando lleguemos a esta Asamblea o a cualquier otra, para llamar a las cosas por su nombre y a los representantes de los Estados Unidos gendarmes de la represión en el mundo entero.

Por último, sí hubo embargo de medicinas contra Cuba.

Pero si no es así, nuestro Gobierno en los próximos meses pondrá un pedido de medicinas aquí en los Estados Unidos, y le mandará un telegrama al señor Stevenson, que nuestro representante leerá en la comisión o en el lugar que sea conveniente, para que se sepa bien si son o no ciertas las imputaciones que Cuba hace. En todo caso, hasta ahora lo han sido. La última vez que pretendimos comprar medicinas por valor de un millón 500 000 dólares, medicinas que no se fabrican en Cuba y que son necesarias únicamente para salvar vidas, el Gobierno norteamericano intervino e impidió esa venta.

Hace poco el Presidente de Bolivia le dijo a nuestros delegados, con lágrimas en los ojos, que tenía que romper con Cuba porque los Estados Unidos lo obligaban a ello. Así, despidieron de La Paz a nuestros delegados.

No puedo afirmar que esa aseveración del Presidente de Bolivia fuera cierta. Lo que sí es cierto, es que nosotros les dijimos que esa transacción con el enemigo no le valdría de nada, porque ya estaba condenado.

El Presidente de Bolivia, con el cual no teníamos ni tenemos ningún vínculo, con cuyo Gobierno no hicimos nada más que mantener las relaciones que se deben mantener con los pueblos de América, ha sido derrocado por un golpe militar. Ahora se ha establecido allí una Junta de Gobierno.

En todo caso, para gente como ésta, que no sabe caer con dignidad, vale la pena recordar lo que le dijo, creo que la madre del Ultimo califa de Granada a su hijo, que lloraba al perder la ciudad: «Haces bien en llorar como mujer lo que no supiste defender como hombre.»

Discurso en Argelia*

Queridos hermanos:

Cuba llega a esta Conferencia a elevar por sí sola la voz de los pueblos de América y, como en otras oportunidades lo recalcáramos, también lo hace en su condición de país subdesarrollado que, al mismo tiempo, construye el socialismo. No es por casualidad que a nuestra representación se le permite emitir su opinión en el círculo de los pueblos de Asia y de África. Una aspiración común, la derrota del imperialismo, nos une en nuestra marcha hacia el futuro; un pasado común de lucha contra el mismo enemigo nos ha unido a lo largo del camino.

Esta es una asamblea de los pueblos en lucha; ella se desarrolla en dos frentes de igual importancia y exige el total de nuestros esfuerzos. La lucha contra el imperialismo por librarse de las trabas coloniales o neocoloniales, que se lleva a efecto por medio de las armas políticas, de las armas de fuego o por combinaciones de ambas, no está desligada de la lucha contra el atraso y la pobreza; ambas son etapas de un mismo camino que conduce a la creación de una sociedad nueva, rica y justa a la vez. Es imperioso obtener el poder político

---

* Fragmento de la intervención en el Segundo Seminario Económico de Solidaridad Afroasiática, el 24 de febrero de 1965.

y liquidar a las clases opresoras, pero, después hay que afrontar la segunda etapa de la lucha que adquiere características, si cabe, más difíciles que la anterior.

Desde que los capitales monopolistas se apoderaron del mundo, han mantenido en la pobreza a la mayoría de la humanidad repartiéndose las ganancias entre el grupo de los países más fuertes. El nivel de vida de esos países está basado en la miseria de los nuestros; para elevar el nivel de vida de los pueblos subdesarrollados, hay que luchar pues contra el imperialismo. Y cada vez que un país se desgaja del árbol imperialista, se está ganando no solamente una batalla parcial contra el enemigo fundamental, sino también contribuyendo a su real debilitamiento y dando un paso hacia la victoria definitiva.

No hay fronteras en esta lucha a muerte; no podemos permanecer indiferentes frente a lo que ocurre en cualquier parte del mundo; una victoria de cualquier país sobre el imperialismo es una victoria nuestra, así como la derrota de una nación cualquiera es una derrota para todos. El ejercicio del internacionalismo proletario es no sólo un deber de los pueblos que luchan para asegurar un futuro mejor; además, es una necesidad insoslayable. Si el enemigo imperialista, norteamericano o cualquier otro, desarrolla su acción contra los pueblos subdesarrollados y los países socialistas, una lógica elemental determina la necesidad de la alianza de los pueblos subdesarrollados y de los países socialistas; si no hubiera ningún otro factor de unión, el enemigo común debiera constituirlo.

Claro que estas uniones no se pueden hacer espontáneamente, sin discusiones, sin que anteceda un parto, doloroso a veces.

Cada vez que se libera un país, dijimos, es una derrota del sistema imperialista mundial, pero debemos convenir en que el desgajamiento no sucede por el mero hecho de proclamarse una independencia o lograrse una victoria por las armas en una revolución; sucede cuando el dominio económico imperialista cesa de ejercer sobre un pueblo. Por lo tanto, a los países socialistas les interesa como cosa vital que se produzcan efectivamente estos desgajamientos y es nuestro deber internacional el deber fijado por la ideología que nos dirige, el contribuir con nuestros esfuerzos a que la liberación se haga lo más rápida y profundamente que sea posible.

De todo esto debe extraerse una conclusión: el. desarrollo de los países que empiezan ahora el camino de la liberación, debe costar a los países socialistas. Lo decimos así, sin el menor ánimo de chantaje o de espectacularidad, ni para la búsqueda fácil de una aproximación mayor al conjunto de los pueblos afroasiáticos; es una convicción profunda. No puede existir socialismo si en las conciencias no se opera un cambio que provoque una nueva actitud fraternal frente a la humanidad, tanto de índole individual, en la sociedad en que se construye o está construido el socialismo, como de índole mundial en relación a todos los pueblos que sufren la opresión imperialista.

Creemos que con este espíritu debe afrontarse la responsabilidad de ayuda a los países dependientes y que no debe hablarse más de desarrollar un comercio de beneficio mutuo basado en los precios que la ley del valor y las relaciones internacionales del intercambio desigual, producto de la ley del valor, oponen a los países atrasados.

¿Cómo puede significar «beneficio mutuo», vender a precios de mercado mundial las materias primas que cuestan sudor y sufrimientos sin límites a los países atrasados y comprar a precios de mercado mundial las máquinas producidas en las grandes fábricas automatizadas del presente?

Si establecemos ese tipo de relación entre los dos grupos de naciones, debemos convenir en que los países socialistas son, en cierta manera, cómplices de la explotación imperial. Se puede argüir que el monto del intercambio con los países subdesarrollados, constituye una parte insignificante del comercio exterior de estos países. Es una gran verdad, pero no elimina el carácter inmoral del cambio.

Los países socialistas tienen el deber moral de liquidar su complicidad tácita con los países explotadores del occidente. El hecho de que sea hoy pequeño el comercio no quiere decir nada: Cuba en el año 59 vendía ocasionalmente azúcar a algún país del bloque socialista, sobre todo a través de corredores ingleses o de otra nacionalidad. y hoy el ochenta por ciento de su comercio se desarrolla en esa área; todos sus abastecimientos vitales vienen del campo socialista y de hecho ha ingresado en ese campo. No podemos decir que este ingreso se haya producido por el mero aumento del comercio, ni que haya aumentado el comercio por el hecho de romper las viejas estructuras y encarar la forma socialista de desarrollo; ambos extremos se tocan y unos y otros se interrelacionan.

Nosotros no empezamos la carrera que terminará en el comunismo con todos los pasos previstos, como producto lógico de un desarrollo ideológico que marchará con un fin determinado; las verdades del socialismo, más las crudas verdades del imperialismo, fueron forjando a nuestro pueblo y enseñándole el camino que luego hemos adoptado conscientemente. Los pueblos de África y de Asia que vayan a su liberación definitiva deberán emprender esa misma ruta; la emprenderán más tarde o más temprano. Aunque su socialismo tome hoy cualquier adjetivo definitorio. No hay otra definición del socialismo, válida para nosotros, que la abolición de la explotación del hombre por el hombre. Mientras esto no se produzca, se está en el período de construcción de la sociedad socialista y, si en vez de producirse este fenómeno, la tarea de la supresión de la explotación se estanca o, aún, se retrocede en ella, no es válido hablar siquiera de construcción del socialismo.

Tenemos que preparar las condiciones para que nuestros hermanos entren directa y conscientemente en la ruta de la abolición definitiva de la explotación, pero no podemos invitarlos a entrar si nosotros somos cómplices de esa explotación. Si nos preguntaran cuáles son los métodos para fijar precios equitativos no podríamos contestar; no conocemos la magnitud práctica de esa cuestión, sólo sabemos que, después de discusiones políticas, la Unión Soviética y Cuba han firmado acuerdos ventajosos para nosotros, mediante los cuales llegaremos a vender hasta cinco millones de toneladas a precios fijos superiores a los normales en el llamado Mercado Libre Mundial Azucarero. La República Popular China también mantiene esos precios de compra.

Esto es sólo un antecedente, la tarea real consiste en fijar los precios que permiten el desarrollo. Un gran cambio de concepción consistirá en cambiar el orden de las relaciones internacionales; no debe ser el comercio exterior el que fije la política sino, por el contrario, aquel debe estar subordinado a una política fraternal hacia los pueblos.

[...]

El imperialismo ha sido derrotado en muchas batallas parciales. Pero es una fuerza considerable en el mundo y no se puede aspirar a su derrota definitiva sino con el esfuerzo y el sacrificio de todos.

Sin embargo, el conjunto de medidas propuestas no se pueden realizar unilateralmente. El desarrollo de los subdesarrollados debe costar a los países socialistas; de acuerdo. Pero también deben ponerse en tensión las fuerzas de los países subdesarrollados y tomar firmemente la ruta de la construcción de una sociedad nueva —póngasele el nombre que se le ponga— donde la máquina, instrumento de trabajo, no sea instrumento de explotación del hombre por el hombre. Tampoco se puede pretender la confianza de los países socialistas cuando se juega al balance entre capitalismo y socialismo y se trata de utilizar ambas fuerzas como elementos contrapuestos para sacar de esa competencia determinadas ventajas. Una nueva política de absoluta seriedad debe regir las relaciones entre los dos grupos de sociedades. Es conveniente recalcar, una vez más, que los medios de producción deben estar perfectamente en manos del estado, para que vayan desapareciendo gradualmente los signos de la explotación.

Por otra parte, no se puede abandonar el desarrollo a la improvisación más absoluta: hay que planificar la construcción de la nueva sociedad. La planificación es una de las leyes del socialismo y sin ella no existiría aquel. Sin una planificación correcta no puede existir una suficiente garantía de que todos los sectores económicos de cualquier país se liguen armoniosamente para dar los saltos hacia adelante que demanda esta época que estamos viviendo. La planificación no es un problema aislado de cada uno de nuestros países, pequeños, distorsionados en su desarrollo, poseedores de algunas materias primas, o productores de algunos productos manufacturados o semimanufacturados, carentes de la mayoría de los otros. Esta deberá tender desde el primer momento, a cierta regionalidad para poder compenetrar las economías de los países y llegar así a una integración sobre la base de un autentico beneficio mutuo.

Creemos que el camino actual está lleno de peligros, peligros que no son inventados ni previstos para un lejano futuro por alguna mente superior, son el resultado palpable de realidades que nos azotan. La lucha contra el colonialismo ha alcanzado sus etapas finales pero, en la era actual, el estatus colonial no es sino una consecuencia de la dominación imperialista. Mientras el imperialismo exista, por definición, ejercerá su dominación sobre otros países; esa dominación se llama hoy neocolonialismo.

El neocolonialismo se desarrolló primero en Sudamérica, en todo un continente, y hoy empieza a hacerse notar, con intensidad creciente en África y Asia. Su forma de penetración y desarrollo tiene características distintas; una es la brutal que conocimos en el Congo. La fuerza bruta, sin consideraciones ni tapujos de ninguna especie, es su arma extrema. Hay otra más sutil; la penetración en los países que se liberan políticamente, la ligazón con las nacientes burguesías autóctonas, el desarrollo de una clase burguesa parasitaria y en estrecha alianza con los intereses metropolitanos apoyados en un cierto bienestar o desarrollo transitorio del nivel de vida de los pueblos, debido a que, en países muy atrasados, el paso simple de las relaciones feudales a las relaciones capitalistas significa un avance grande. Independientemente de la consecuencias nefastas que acarrean a la carga para los trabajadores.

El neocolonialismo ha mostrado sus garras en el Congo; ese no es un signo de poder, sino de debilidad; ha debido recurrir a su arma extrema, la fuerza como argumento económico. Lo que engendra reacciones opuestas de gran intensidad. Pero también se ejerce en otras series de países del África y del Asia en forma mucho más sutil y se está rápidamente creando lo que algunos han llamado la sudamericanización de estos continentes, es decir, el desarrollo de una burguesía parasitaria que no agrega nada a la riqueza nacional que, incluso, deposita fuera del país, en los bancos capitalistas, sus ingentes ganancias mal habidas y que pacta con el extranjero para obtener mas beneficios. Con un desprecio absoluto por el bienestar de su pueblo.

Hay otros peligros también, como el de la concurrencia entre países hermanos, amigos políticamente y, a veces vecinos que están tratando de desarrollar las mismas inversiones en el mismo tiempo y para mercados que muchas veces no lo admiten. Esta concurrencia tiene el defecto de gastar energías que podrían utilizarse de forma de una complementación económica mucho más vasta, además de permitir el juego de los monopolios imperialistas.

[...]

Hay que prestar atención a las «desinteresadas» ayudas económicas, culturales, etc., que el imperialismo otorga de por sí a través de estados títeres mejor recibidos en ciertas partes del mundo.

Si todos los peligros apuntados no se ven a tiempo, el camino neocolonial puede inaugurarse en países que han empezado con fe y entusiasmo su tarea de liberación nacional, estableciéndose la dominación de los monopolios con sutileza, en una graduación tal que es muy difícil percibir sus efectos hasta que estos se hacen sentir brutalmente.

Hay toda una tarea por realizar, problemas inmensos se plantean a nuestros dos mundos, el de los países socialistas y este llamado el tercer mundo, problemas que están directamente relacionados con el hombre y su bienestar y con la lucha contra el principal culpable de nuestro atraso. Frente a ellos, todos los países y los pueblos, conscientes de sus deberes, de los peligros que entraña la situación, de los sacrificios que entraña el desarrollo, debemos tomar medidas concretas para que nuestra amistad se ligue en los dos planos, el económico y el político, que nunca pueden marchar separados, y formar un gran bloque compacto que a su vez ayude a nuevos países a liberarse no solo del poder político sino también del poder económico imperialista.

El aspecto de la liberación por las armas de un poder político opresor debe tratarse según las reglas del internacionalismo proletario: si constituye un absurdo el pensar que un director de empresa de un país socialista en guerra vaya a dudar en enviar los tanques que produce a un frente donde no haya garantía de pago, no menos absurdo debe parecer el que se averigüe la posibilidad de pago de un pueblo que lucha por la liberación o necesite esas armas para defender su libertad. Las armas no pueden ser mercancía en nuestros mundos, deben entregarse sin costo alguno y en las cantidades necesarias y posibles a los pueblos que las demanden para disparar contra el enemigo común. Ese es el espíritu con que la URSS y la Republica Popular de China nos han brindado su ayuda militar. Somos socialistas, constituimos una garantía de utilización de esas armas, pero no somos los únicos y todos debemos tener el mismo tratamiento.

Al ominoso ataque del imperialismo norteamericano contra Vietnam o el Congo debe responderse suministrando a esos países hermanos todos los instrumentos de defensa que necesiten y dándoles toda nuestra solidaridad sin condición alguna.

[...]

Hablamos un lenguaje revolucionario y luchamos honestamente por el triunfo de esa causa, pero muchas veces nos enredamos nosotros mismos en las mallas de un derecho internacional creado como resultado de los confrontamientos de las potencias imperialistas y no por la lucha de los pueblos libres, de los pueblos justos.

Nuestros pueblos, por ejemplo, sufren la presión angustiosa de bases extranjeras emplazadas en su territorio o deben llevar el pesado fardo de deudas externas de increíble magnitud. La historia de estas tareas es bien conocida de todos; gobiernos títeres, gobiernos debilitados por una larga lucha de liberación o el desarrollo de las leyes capitalistas del mercado, han permitido la firma de acuerdos que amenazan nuestra estabilidad interna y comprometen nuestro porvenir.

Es la hora de sacudirnos el yugo, imponer la renegociación de las deudas externas opresivas y obligar a los imperialistas a abandonar sus bases de agresión.

No quisiera acabar estas palabras, esta repetición de conceptos de todos ustedes conocidos, sin hacer un llamado de atención a este Seminario en el sentido de que Cuba no es el único país americano; simplemente, es el que tiene la oportunidad de hablar hoy ante ustedes; que otros pueblos están derramando su sangre para lograr el derecho que nosotros tenemos y, desde aquí, y de todas las conferencias y en todos los lugares donde se produzcan simultáneamente con el saludo a los pueblos heroicos de Vietnam, de Laos, de la Guinea llamada Portuguesa, de Sur África o Palestina, a todos los países explotados que luchan por su emancipación debemos extender nuestra voz amiga, nuestra mano y nuestro aliento, a los pueblos hermanos de Venezuela, de Guatemala y de Colombia, que hoy, con las manos armadas, están diciendo definitivamente, no al enemigo imperialista.

Y hay pocos escenarios para afirmarlo, tan simbólicos como Argel, una de las más heroicas capitales de la libertad. Que el magnífico pueblo argelino, entrenado como pocos en los sufrimientos de la independencia, bajo la decidida dirección de su Partido, con nuestro querido compañero Ahmed Ben Bella a la cabeza, nos sirva de inspiración en esta lucha sin cuartel contra el imperialismo mundial.

cuarta parte: *del internacionalismo*

La decisión de apoyar a los movimientos de liberación de los pueblos marca un hito de extraordinaria trascendencia en la trayectoria revolucionaria del Che. En esta etapa no se puede prescindir de las cartas que escribiera antes de su partida y en las que encontramos al hombre en una dimensión superior al tener que hacer dejación de lo más querido ante el compromiso moral adquirido de luchar por la emancipación de la humanidad. De igual forma, se seleccionaron algunos de sus últimos escritos más relevantes y definitorios.

Cartas de despedida*

A mis hijos

Queridos Hildita, Aleidita, Camilo, Celia y Ernesto:

Si alguna vez tienen que leer esta carta, será porque yo no esté entre ustedes. Casi no se acordarán de mí y los más chiquitos no recordarán nada.

Su padre ha sido un hombre que actúa como piensa y, seguro, ha sido leal a sus convicciones.

Crezcan como buenos revolucionarios. Estudien mucho para poder dominar la técnica que permite dominar la naturaleza. Acuérdense que la Revolución es lo más importante y que cada uno de nosotros, solo, no vale nada.

Sobre todo, sean siempre capaces de sentir en lo más hondo cualquier injusticia cometida contra cualquiera en cualquier parte del mundo. Es la cualidad más linda de un revolucionario.

Hasta siempre hijitos, espero verlos todavía. Un beso grandote y un gran abrazo de

Papá

---

* Las cartas seleccionadas fueron escritas por el Che antes de su partida al Congo en 1965.

Queridos viejos:

Otra vez siento bajo mis talones el costillar de Rocinante, vuelvo al camino con mi adarga al brazo.

Hace de esto casi diez años, les escribí otra carta de despedida. Según recuerdo, me lamentaba de no ser mejor soldado y mejor médico; lo segundo ya no me interesa, soldado no soy tan malo.

Nada ha cambiado en esencia, salvo que soy mucho más consciente, mi marxismo está enraizado y depurado. Creo en la lucha armada como única solución para los pueblos que luchan por liberarse y soy consecuente con mis creencias. Muchos me dirán aventurero, y lo soy, solo que de un tipo diferente y de los que ponen el pellejo para demostrar sus verdades.

Puede ser que ésta sea la definitiva. No lo busco pero está dentro del cálculo lógico de probabilidades. Si es así, va un último abrazo.

Los he querido mucho, sólo que no he sabido expresar mi cariño, soy extremadamente rígido en mis acciones y creo que a veces no me entendieron. No era fácil entenderme, por otra parte, créanme, solamente, hoy.

Ahora, una voluntad que he pulido con delectación de artista, sostendrá unas piernas flácidas y unos pulmones cansados. Lo haré.

Acuérdense de vez en cuando de este pequeño condotieri del siglo XX. Un beso a Celia, a Roberto, Juan Martín y Patotín, a Beatriz, a todos. Un gran abrazo de hijo pródigo y recalcitrante para ustedes.

Ernesto

«Año de la Agricultura»

Habana

Fidel:

Me recuerdo en esta hora de muchas cosas, de cuando te conocí en casa de María Antonia, de cuando me propusiste venir, de toda la tensión de los preparativos.

Un día pasaron preguntando a quien se debía avisar en caso de muerte y la posibilidad real del hecho nos golpeó a todos. Después supimos que era cierto, que en una revolución se triunfa o se muere (si es verdadera). Muchos compañeros quedaron a lo largo del camino hacia la victoria.

Hoy todo tiene un tono menos dramático porque somos más maduros, pero el hecho se repite. Siento que he cumplido la parte de mi deber que me ataba a la Revolución cubana en su territorio y me despido de ti, de los compañeros, de tu pueblo que ya es mío.

Hago formal renuncia de mis cargos en la Dirección del Partido, de mi puesto de Ministro, de mi grado de Comandante, de mi condición de cubano. Nada legal me ata a Cuba, sólo lazos de otra clase que no se pueden romper como los nombramientos.

Haciendo un recuento de mi vida pasada creo haber trabajado con suficiente honradez y dedicación para consolidar el triunfo revolucionario. Mi única falta de alguna gravedad es no haber confiado más en ti desde los primeros momentos de la Sierra Maestra y no haber comprendido con suficiente celeridad tus cualidades de conductor y de revolucionario. He vivido días magníficos y sentí a tu lado el orgullo de pertenecer a nuestro pueblo en los días luminosos y tristes de la Crisis del Caribe.

Pocas veces brilló más alto un estadista que en esos días, me enorgullezco también de haberte seguido sin vacilaciones, identificado con tu manera de pensar y de ver y apreciar los peligros y los principios.

Otras tierras del mundo reclaman el concurso de mis modestos esfuerzos. Yo puedo hacer lo que te está negado por tu responsabilidad al frente de Cuba y llegó la hora de separarnos.

Sépase que lo hago con una mezcla de alegría y dolor; aquí dejó lo más puro de mis esperanzas de constructor y lo más querido entre mis seres queridos… y dejo un pueblo que me admitió como un hijo; eso lacera una parte de mi espíritu. En los nuevos campos de batalla llevaré la fe que me inculcaste, el espíritu revolucionario de mi pueblo, la sensación de cumplir con el más sagrado de los deberes: luchar contra el imperialismo dondequiera que esté; esto reconforta y cura con creces cualquier desgarradura.

Digo una vez más que libero a Cuba de cualquier responsabilidad, salvo la que emane de su ejemplo. Que si me llega la hora definitiva bajo otros cielos, mi último pensamiento será para este pueblo y especialmente para ti. Que te doy las gracias por tus enseñanzas y tu ejemplo al que trataré de ser fiel hasta las últimas consecuencias de mis actos. Que he estado identificado siempre con la política exterior de nuestra Revolución y lo sigo estando. Que en dondequiera que me pare sentiré la responsabilidad de ser revolucionario cubano, y como tal actuaré. Que no dejo a mis hijos y mi mujer nada material y no me apena: me alegra que así sea. Que no pido nada para ellos pues el Estado les dará lo suficiente para vivir y educarse.

Tendría muchas cosas que decirte a ti y a nuestro pueblo, pero siento que son innecesarias, las palabras no pueden expresar lo que yo quisiera, y no vale la pena emborronar cuartillas.

Hasta la victoria siempre. ¡Patria o muerte!

Te abraza con todo fervor revolucionario,

Che

Carta a Armando Hart

4/12/65

Mi querido Secretario:

Te felicito por la oportunidad que te han dado de ser Dios; tienes 6 días para ello. Antes de que acabes y te sientes a descansar (si es que no eliges el sabio método del Dios predecesor, que descansó antes), quiero exponerte algunas ideíllas sobre la cultura de nuestra vanguardia y de nuestro pueblo en general.

En este largo período de vacaciones le metí la nariz a la filosofía, cosa que hace tiempo pensaba hacer. Me encontré con la primera dificultad: en Cuba no hay nada publicado, si excluimos los ladrillos soviéticos que tienen el inconveniente de no dejarte pensar; ya el partido lo hizo por ti y tú debes digerir. Como método, es lo más antimarxista, pero, además suelen ser muy malos. La segunda, y no menos importante, fue mi desconocimiento del lenguaje filosófico (he luchado duramente con el maestro Hegel y en el primer round me dio dos caídas). Por ello hice un plan de estudio para mí que, creo, puede ser estudiado y mejorado mucho para constituir la base de una verdadera escuela de pensamiento; ya hemos hecho mucho, pero algún día tendremos también que pensar. El plan mío es de lecturas, naturalmente, pero puede adaptarse a publicaciones serias de la editora política.

Si le das un vistazo a sus publicaciones podrás ver la profusión de autores soviéticos y franceses que tiene. Esto se debe a comodidad en la obtención de traducciones y a seguidismo ideológico. Así no se da cultura marxista al pueblo, a lo más, divulgación marxista, lo que es necesario, si la divulgación es buena (no es este el caso), pero insuficiente.

Mi plan es este:

Clásicos filosóficos.

Grandes dialécticos y materialistas.

Filósofos modernos.

Clásicos de la economía y precursores.

Marx y el pensamiento marxista.

Construcción socialista.

Heterodoxos y capitalistas.

Polémicas.

Cada serie tiene independencia con respecto a la otra y se podría desarrollar así:

Se toman los clásicos conocidos ya traducidos al español, agregándole un estudio preliminar serio de un filósofo, marxista si es posible, y un amplio vocabulario explicativo. Simultáneamente, se publica un diccionario de términos filosóficos y alguna historia de la filosofía. Tal vez pudiera ser Dennyk y la de Hegel. La publicación podría seguir cierto orden cronológico selectivo, vale decir, comenzar por un libro o dos de los más grandes pensadores y desarrollar la serie hasta acabarla en la época moderna, retornando al pasado con otros filósofos menos importantes y aumentando volúmenes de los más representativos, etc.

Aquí se puede seguir el mismo método general, haciendo recopilaciones de algunos antiguos [hace tiempo leí un estudio que estaban Demócrito, Heráclito y Leucipo, hecho en la Argentina].

Aquí se publicarían los más representativos filósofos modernos, acompañados de estudios serios y minuciosos de gente entendida (no tiene que ser cubana) con la correspondiente crítica cuando representen los puntos de vista idealistas.

Se está realizando ya, pero sin orden ninguno y faltan obras fundamentales de Marx. Aquí sería necesario publicar las obras completas de Marx y Engels, Lenin, Stalin y otros grandes marxistas. Nadie ha leído nada de Rosa Luxemburgo, por ejemplo, quien tiene errores en su crítica de Marx [III tomo] pero murió asesinada, y el instinto del imperialismo es superior al nuestro en estos aspectos. Faltan también pensadores marxistas que luego se salieron del carril, como Kautzky e Hilfering [no se escribe así] (Hilferding) que hicieron aportes y muchos marxistas contemporáneos, no totalmente escolásticos.

Construcción socialista. Libros que traten problemas concretos, no solo de los actuales gobernantes, sino del pasado, haciendo averiguaciones serias sobre los aportes de filósofos y, sobre todo, economistas o estadistas.

Aquí vendrían los grandes revisionistas [si quieren puede poner a Jrushov] bien analizados; más profundamente que ninguno, y debía estar tu amigo Trotsky, que existió y escribió, según parece. Además, grandes teóricos del capitalismo como Marshal, Keynes, Schumpeter, etc. También analizados a fondo con la explicación de los por qué.

Como su nombre lo indica, este es el más polémico, pero el pensamiento marxista avanzó así. Proudhon escribió *Filosofía de la miseria* y se sabe que existe por la *Miseria de la filosofía*. Una edición crítica puede ayudar a comprender la época y el propio desarrollo de Marx, que no estaba completo aún. Están Robertus y Durhing en esa época y luego los revisionistas y los grandes polémicos del año 20 en la URSS, quizás las más importantes para nosotros.

Ahora veo, que me faltó uno, por lo que cambio el orden [estoy escribiendo a vuela pluma].

Sería el IV, clásicos de la economía y precursores, donde estarían desde Adam Smith, los fisiócratas etc.

Es un trabajo gigantesco, pero Cuba lo merece y creo que lo pudiera intentar. No te canso más con esta cháchara. Te escribí a ti porque mi conocimiento de los actuales responsables de la orientación ideológica es pobre y, tal vez, no fuera prudente hacerlo por otras consideraciones [no sólo la del seguidismo, que también cuenta].

Bueno, ilustre colega [por lo de filósofo], te deseo éxito. Espero que nos veamos el séptimo día. Un abrazo a los abrazables, incluyéndome de pasada, a tu cara y belicosa mitad.

R.

La Piedra*

Me lo dijo como se deben decir estas cosas a un hombre fuerte, a un responsable, y lo agradecí. No me mintió preocupación o dolor y traté de no mostrar ni lo uno ni lo otro. ¡Fue tan simple!

Además había que esperar la confirmación para estar oficialmente triste. Me pregunté si se podía llorar un poquito. No, no debía ser, porque el jefe es impersonal; no es que se le niegue el derecho a sentir, simplemente, no debe mostrar que siente lo de él; lo de sus soldados, tal vez.

—Fue un amigo de la familia, le telefonearon avisándole que estaba muy grave, pero yo salí ese día.

—Grave, ¿de muerte?

—Sí.

—No dejes de avisarme cualquier cosa.

—En cuanto lo sepa, pero no hay esperanzas. Creo.

---

* Relato escrito durante la permanencia del Che en el Congo, cuando le comunican la enfermedad y posible fallecimiento de su madre, Celia de la Serna.

Ya se había ido el mensajero de la muerte y no tenía confirmación. Esperar era todo lo que cabía. Con la noticia oficial decidiría si tenía derecho o no a mostrar mi tristeza. Me inclinaba a creer que no.

El sol mañanero golpeaba fuerte después de la lluvia. No había nada extraño en ello; todos los días llovía y después salía el sol y apretaba y expulsaba la humedad. Por la tarde, el arroyo sería otra vez cristalino, aunque ese día no había caído mucha agua en las montañas; estaba casi normal.

—Decían que el 20 de mayo dejaba de llover y hasta octubre no caía una gota de agua.

—Decían... pero dicen tantas cosas que no son ciertas.

La naturaleza se guiará por el calendario? No me importaba si la naturaleza se guiaba o no por el calendario. En general, podía decir que no me importaba nada de nada, ni esa inactividad forzada, ni esta guerra idiota, sin objetivos. Bueno, sin objetivo no; solo que estaba tan vago, tan diluido, que parecía inalcanzable, como un infierno surrealista donde el eterno castigo fuera el tedio. Y, además, me importaba. Claro que me importaba.

Hay que encontrar la manera de romper esto, pensé. Y era fácil pensarlo; uno podía hacer mil planes, a cual más tentador, luego seleccionar los mejores, fundir dos o tres en uno, simplificarlo, verterlo al papel y entregarlo. Allí acababa todo y había que empezar de nuevo. Una burocracia más inteligente que lo normal; en vez de archivar, lo desaparecían. Mis hombres decían que se lo fumaban, todo pedazo de papel puede fumarse, si hay algo dentro. Era una ventaja, lo que no me gustara podía cambiarlo en el próximo plan. Nadie lo notaría. Parecía que eso seguiría hasta el infinito.

Tenía deseos de fumar y saqué la pipa. Estaba, como siempre, en mi bolsillo. Yo no perdía mis pipas, como los soldados. Es que era muy importante para mí tenerla. En los caminos del humo se puede remontar cualquier distancia, diría que se pueden creer los propios planes y soñar con la victoria sin que parezca un sueño; solo una realidad vaporosa por la distancia y las brumas que hay siempre en los caminos del humo. Muy buena compañera es la pipa; ¿cómo perder una cosa tan necesaria? Qué brutos.

No eran tan brutos; tenían actividad y cansancio de actividad. No hace falta pensar entonces y ¿para qué sirve una pipa sin pensar? Pero se puede soñar. Sí, se puede soñar, pero la pipa es importante cuando se sueña a lo lejos; hacia un futuro cuyo único camino es el humo o un pasado tan lejano que hay necesidad de usar el mismo sendero. Pero los anhelos cercanos se sienten con otra parte del cuerpo, tienen pies vigorosos y vista joven; no necesitan el auxilio del humo. Ellos la perdían porque no les era imprescindible, no se pierden las cosas imprescindibles.

¿Tendría algo más de ese tipo? El pañuelo de gasa. Eso era distinto; me lo dio ella por si me herían en un brazo, sería un cabestrillo amoroso. La dificultad estaba en usarlo si me partían el carapacho. En realidad había una solución fácil, que me lo pusiera en la cabeza para aguantarme la quijada y me iría con él a la tumba. Leal hasta en la muerte. Si quedaba tendido en un monte o me recogían los otros no habría pañuelito de gasa; me descompondría entre las hierbas o me exhibirían y tal vez saldría en el Life con una mirada agónica y desesperada fija en el instante del supremo miedo. Porque se tiene miedo, a qué negarlo.

Por el humo, anduve mis viejos caminos y llegué a los rincones íntimos de mis miedos, siempre ligados a la muerte como esa nada turbadora e inexplicable, por más que nosotros, marxistas-leninistas explicamos muy bien la muerte como la nada. Y, ¿qué es esa nada? Nada. Explicación más sencilla y convincente imposible. La nada es nada; cierra tu cerebro, ponle un manto negro, si quieres, con un cielo de estrellas distante, y esa es la nada-nada; equivalente: infinito.

Uno sobrevive en la especie, en la historia, que es una forma mistificada de vida en la especie; en esos actos, en aquellos recuerdos. ¿Nunca has sentido un escalofrío en el espinazo leyendo las cargas al machete de Maceo?: eso es la vida después de la nada. Los hijos; también. No quisiera sobrevivirme en mis hijos: ni me conocen; soy un cuerpo extraño que perturba a veces su tranquilidad, que se interpone entre ellos y la madre.

Me imaginé a mi hijo grande y ella canosa, diciéndole, en tono de reproche: tu padre no hubiera hecho tal cosa, o tal otra. Sentí dentro de mí, hijo de mi padre yo, una rebeldía tremenda. Yo hijo no sabría si era verdad o no que yo padre no hubiera hecho tal o cual cosa mala, pero me sentiría vejado, traicionado por ese recuerdo de yo padre que me refregaran a cada instante por la cara. Mi hijo debía ser un hombre; nada más, mejor o peor, pero un hombre. Le agradecía a mi padre su cariño dulce y volandero sin ejemplos. ¿Y mi madre? La pobre vieja. Oficialmente no tenía derecho todavía, debía esperar la confirmación.

Así andaba, por mis rutas del humo cuando me interrumpió, gozoso de ser útil, un soldado.

—¿No se le perdió nada?

—Nada —dije, asociándola a la otra de mi ensueño.

—Piense bien.

Palpé mis bolsillos; todo en orden.

—Nada.

—¿Y esta piedrecita? Yo se la vi en el llavero.

—Ah, carajo.

Entonces me golpeó el reproche con fuerza salvaje. No se pierde nada necesario, vitalmente necesario. Y, ¿se vive si no se es necesario? Vegetativamente sí, un ser moral no, creo que no, al menos.

Hasta sentí el chapuzón en el recuerdo y me vi palpando los bolsillos con rigurosa meticulosidad, mientras el arroyo, pardo de tierra montañera, me ocultaba su secreto. La pipa, primero la pipa; allí estaba. Los papeles o el pañuelo hubieran flotado. El vaporizador, presente; las plumas aquí; las libretas en su forro de nylon, sí; la fosforera, presente también, todo en orden. Se disolvió el chapuzón.

Solo dos recuerdos pequeños llevé a la lucha; el pañuelo de gasa, de mi mujer y el llavero con la piedra, de mi madre, muy barato este, ordinario; la piedra se despegó y la guardé en el bolsillo.

¿Era clemente o vengativo, o solo impersonal como un jefe, el arroyo? ¿No se llora porque no se debe o porque no se puede? ¿No hay derecho a olvidar, aún en la guerra? ¿Es necesario disfrazar de macho al hielo?

Qué se yo. De veras, no sé. Solo sé que tengo una necesidad física de que aparezca mi madre y yo recline mi cabeza en su regazo magro y ella me diga: «mi viejo», con una ternura seca y plena y sentir en el pelo su mano desmañada, acariciándome a saltos, como un muñeco de cuerda, como si la ternura le saliera por los ojos y la voz, porque los conductores rotos no la hacen llegar a las extremidades. Y las manos se estremecen y palpan más que acarician, pero la ternura resbala por fuera y las rodea y uno se siente tan bien, tan pequeñito y tan fuerte. No es necesario pedirle perdón; ella lo comprende todo; uno lo sabe cuando escucha ese «mi viejo»…

—¿Está fuerte? A mí también me hace efecto; ayer casi me caigo cuando me iba a levantar. Es que no lo dejan secar bien parece.

—Es una mierda, estoy esperando el pedido a ver si traen picadura como la gente. Uno tiene derecho a fumarse aunque sea una pipa, tranquilo y sabroso ¿no?…

Crear dos, tres… muchos Vietnam, esa es la consigna*
(Mensaje a la Tricontinental)

Es la hora de los hornos y no se ha de ver más que la luz.

José Martí

Ya se han cumplido veintiún años desde el fin de la última conflagración mundial y diversas publicaciones, en infinidad de lenguas, celebran el acontecimiento simbolizado en la derrota del Japón. Hay un clima de aparente optimismo en muchos sectores de los dispares campos en que el mundo se divide.

Ventiún años sin guerra mundial, en estos tiempos de confrontaciones máximas, de choques violentos y cambios repentinos, parecen una cifra muy alta. Pero, sin analizar los resultados prácticos de esa paz por la que todos nos manifestamos dispuestos a luchar (la miseria, la degradación, la explotación cada vez mayor de enormes sectores del mundo) cabe preguntarse si ella es real.

No es la intención de estas notas historiar los diversos conflictos de carácter local que se han sucedido desde la rendición del Japón, no es tampoco nuestra tarea hacer un recuento, numeroso y

* Fragmento del texto publicado por primera vez el 16 de abril de 1967 en un suplemento que se convirtió más tarde en la revista *Tricontinental*.

creciente, de luchas civiles ocurridas durante estos años de pretendida paz. Bástenos poner como ejemplos contra el desmedido optimismo las guerras de Corea y Vietnam.

En la primera, tras años de lucha feroz, la parte norte del país
quedó sumida en la más terrible devastación que figure en los anales
de la guerra moderna; acribillada de bombas; sin fábricas, escuelas u
hospitales; sin ningún tipo de habitación para albergar a diez millones
de habitantes.

En esta guerra intervinieron, bajo la fementida bandera de las
Naciones Unidas, decenas de países conducidos militarmente por
los Estados Unidos, con la participación masiva de soldados de esa
nacionalidad u el uso, como carne de cañón, de la población sudco-
reana enrolada.

En el otro bando, el ejército y el pueblo de Corea y los voluntarios
de la República Popular China contaron con el abastecimiento y asesoría del aparato militar soviético. Por parte de los norteamericanos se
hicieron toda clase de pruebas de armas de destrucción, excluyendo
las termonucleares pero incluyendo las bacteriológicas y químicas, en
escala limitada. En Vietnam, se han sucedido acciones bélicas, soste-
nidas por las fuerzas patrióticas de ese país casi ininterrumpidamente
contra tres potencias imperialistas: Japón, cuyo poderío sufriera una
caída vertical a partir de las bombas de Hiroshima y Nagasaki; Fran-
cia, que recupera de aquel país vencido sus colonias indochinas e
ignoraba las promesas hechas en momentos difíciles; y los Estados
Unidos, en esta última fase de la contienda. Hubieron confrontaciones limitadas en todos los continentes, aun cuando en el americano, durante mucho tiempo, sólo se produjeron conatos de lucha de
liberación y cuartelazos, hasta que la Revolución cubana diera su cla-
rinada de alerta sobre la importancia de esta región y atrajera las iras
imperialistas, obligándola a la defensa de sus costas en Playa Girón,
primero, y durante la Crisis de Octubre, después.

Este último incidente pudo haber provocado una guerra de incal-
culables proporciones, al producirse, en torno a Cuba, el choque de
norteamericanos y soviéticos.

Pero, evidentemente, el foco de las contradicciones, en este momento, está radicado en los territorios de la península indochina y los países aledaños. Laos y Vietnam son sacudidos por guerras civiles, que dejan de ser tales al hacerse presente, con todo su poderío, el imperialismo norteamericano, y toda la zona se convierte en una peligrosa espoleta presta a detonar. En Vietnam la confrontación ha adquirido características de una agudeza extrema. Tampoco es nuestra intención historiar esta guerra. Simplemente, señalaremos algunos hitos de recuerdo.

En 1954, tras la derrota aniquilante de Dien-Bien-Phu, se firmaron los acuerdos de Ginebra, que dividían al país en dos zonas y estipulaban la realización de elecciones en un plazo de 18 meses para determinar quienes debían gobernar a Vietnam y cómo se reunificaría el país. Los norteamericanos no firmaron dicho documento, comenzando las maniobras para sustituir al emperador Bao Dai, títere francés, por un hombre adecuado a sus intenciones. Este resultó ser Ngo Din Diem, cuyo trágico fin es conocido de todos.

En los meses posteriores a la firma del acuerdo, reinó el optimismo en el campo de las fuerzas populares. Se desmantelaron reductos de lucha antifrancesa en el sur del país y se esperó el cumplimiento de lo pactado. Pero pronto comprendieron los patriotas que no habría elecciones a menos que los Estados Unidos se sintieran capaces de imponer su voluntad en las urnas, cosa que no podía ocurrir, aun utilizando todos los métodos de fraude conocidos.

Nuevamente se iniciaron las luchas en el sur del país y fueron adquiriendo mayor intensidad hasta llegar al momento actual, en que el ejército norteamericano se compone de casi medio millón de invasores, mientras las fuerzas títeres disminuyen su número, y sobre todo, han perdido totalmente la combatividad.

Hace cerca de dos años que los norteamericanos comenzaron el bombardeo sistemático de la República Democrática de Vietnam en un intento más de frenar la combatividad del sur y obligar a una conferencia desde posiciones de fuerza. Al principio los bombardeos fueron más o menos aislados y se revestían de la máscara de represalias por supuestas provocaciones del norte. Después aumentaron en intensidad y método, hasta convertirse en una gigantesca batida llevada a cabo por unidades aéreas de los Estados Unidos, día a día, con el propósito de destruir todo vestigio de civilización en la zona norte del país. Es un episodio de la tristemente célebre escalada.

Las aspiraciones materiales del mundo yanqui se han cumplido en buena parte a pesar de la denodada defensa de las unidades antiaéreas vietnamitas, de los más de 1,700 aviones derribados y de la ayuda del campo socialista en material de guerra.

Hay una penosa realidad: Vietnam, esa nación que representa las aspiraciones, las esperanzas de victoria de todo un mundo preterido, está trágicamente solo. Ese pueblo debe soportar los embates de la técnica norteamericana, casi a mansalva en el sur, con algunas posibilidades de defensa en el norte, pero siempre solo.

La solidaridad del mundo progresista para con el pueblo de Vietnam semeja a la amarga ironía que significaba para los gladiadores del circo romano el estímulo de la plebe. No se trata de desear éxitos al agredido, sino de correr su misma suerte; acompañarlo a la muerte o la victoria.

Cuando analizamos la soledad vietnamita nos asalta la angustia de este momento ilógico de la humanidad.

El imperialismo norteamericano es culpable de agresión; sus crímenes son inmensos y repartido por todo el orbe.

Ya lo sabemos, señores! Pero también son culpables los que en el momento de definición vacilaron en hacer de Vietnam parte inviolable del territorio socialista, corriendo, así, los riesgos de una guerra de alcance mundial, pero también obligando a una decisión a los imperialistas norteamericanos. Y son culpables los que mantienen una guerra de denuestos y zancadillas comenzada hace ya buen tiempo por los representantes de las dos más grandes potencias del campo socialista.

Preguntemos, para lograr una respuesta honrada: ¿Está o no aislado el Vietnam, haciendo equilibrios peligrosos entre las dos potencias en pugna?

Y ¡qué grandeza la de ese pueblo! ¡Qué estoicismo y valor, el de ese pueblo! Y qué lección para el mundo entraña esa lucha.

Hasta dentro de mucho tiempo no sabremos si el presidente Johnson pensaba en serio iniciar algunas de las reformas necesarias a un pueblo para limar aristas de las contradicciones de clase que asoman con fuerza explosiva y cada vez más frecuentemente. Lo cierto es que las mejoras anunciadas bajo el pomposo título de lucha por la gran sociedad han caído en el sumidero de Vietnam.

El más grande de los poderes imperialistas siente en sus entrañas el desangramiento provocado por un país pobre y atrasado y su fabulosa economía se resiente del esfuerzo de guerra. Matar deja de ser el más cómodo negocio de los monopolios. Armas de contención, y no en número suficiente, es todo lo que tienen estos soldados maravillosos, además del amor a su patria, a su sociedad y un valor a toda prueba. Pero el imperialismo se empantana en Vietnam, no halla camino de salida y busca desesperadamente alguno que le permita sortear con dignidad este peligroso trance en que se ve. Mas «los cuatro puntos» del norte y «los cinco» del sur lo atenazan, haciendo aún más decidida la confrontación.

Todo parece indicar que la paz, esa paz precaria a la que se ha dado tal nombre, sólo porque no se ha producido ninguna conflagración de carácter mundial, está otra vez en peligro de romperse ante cualquier paso irreversible e inaceptable, dado por los norteamericanos.

Y, a nosotros, explotados del mundo, ¿cuál es el papel que nos corresponde? Los pueblos de tres continentes observan y aprenden su lección en Vietnam. Ya que, con la amenaza de guerra, los imperialistas ejercen su chantaje sobre la humanidad, no temer la guerra es la respuesta justa. Atacar dura e ininterrumpidamente en cada punto de confrontación, debe ser la táctica general de los pueblos.

Pero, en los lugares en que esta mísera paz que sufrimos no ha sido rota, ¿cuál será nuestra tarea? Liberarnos a cualquier precio.

El panorama del mundo muestra una gran complejidad. La tarea de la liberación espera aún a países de la vieja Europa, suficientemente desarrollados para sentir todas las contradicciones del capitalismo, pero tan débiles que no pueden seguir ya seguir el rumbo del imperialismo o iniciar esa ruta. Ahí las contradicciones alcanzarán en los próximos años carácter explosivo, pero sus problemas y, por ende, la solución de los mismos son diferentes a las de nuestros pueblos dependientes y atrasados económicamente.

El campo fundamental de la explotación del imperialismo abarca los tres continentes atrasados, América, Asia y África. Cada país tiene características propias, pero los continentes, en su conjunto, también las presentan.

América constituye un conjunto más o menos homogéneo y en la casi totalidad de su territorio los capitales monopolistas norteamericanos mantienen una primacía absoluta. Los gobiernos títeres o, en el mejor de los casos, débiles y medrosos, no pueden imponerse a las órdenes del amo yanqui. Los norteamericanos han llegado casi al máximo de su dominación política y económica, poco más podrían avanzar ya. Cualquier cambio de la situación podría convertirse en un retroceso en su primacía. Su política es mantenerlo conquistado. La línea de acción se reduce en el momento actual, al uso brutal de la fuerza para impedir movimientos de liberación de cualquier tipo que sean.

Bajo el slogan, «no permitiremos otra Cuba», se encubre la posibilidad de agresiones a mansalva, como la perpetrada contra Santo Domingo o, anteriormente, la masacre de Panamá, y la clara advertencia de que las tropas yanquis están dispuestas a intervenir en cualquier lugar de América donde el orden establecido sea alterado, poniendo en peligro sus intereses. Esa política cuenta con una impunidad casi absoluta; la OEA es una máscara cómoda, por desprestigiada que esté; la ONU es de una ineficiencia rayana en el ridículo o en lo trágico; los ejércitos de todos los países de América están listos a intervenir para aplastar a sus pueblos. Se ha formado, de hecho, la internacional del crimen y la traición.

Por otra parte las burguesías autóctonas han perdido toda su capacidad de oposición al imperialismo y solo forman su furgón de cola. No hay más cambios que hacer; o revolución socialista o caricatura de revolución.

Asia es un continente de características diferentes. Las luchas de liberación contra una serie de poderes coloniales europeos, dieron por resultado el establecimiento de gobiernos más o menos progresistas, cuya evolución posterior ha sido, en algunos casos, de profundización de los objetivos primarios de la liberación nacional y en otros de reversión hacia posiciones proimperialistas.

Dado el punto de vista económico, Estados Unidos tenía poco que perder y mucho que ganar en Asia. Los cambios le favorecen; se lucha por desplazar a otros poderes neocoloniales, penetrar nuevas esferas de acción en el campo económico, a veces directamente, otras utilizando al Japón.

Pero existen condiciones políticas especiales, sobre todo en la península indochina, que le dan características de capital importancia al Asia y juegan un papel importante en la estrategia militar global del imperialismo norteamericano. Este ejerce un cerco a China a través de Corea del Sur, Japón, Taiwan, Vietnam del Sur y Tailandia, por lo menos.

Esa doble situación: un interés estratégico tan importante como el cerco militar a la República Popular China y la ambición de sus capitales por penetrar esos grandes mercados que todavía no dominan, hacen que el Asia sea uno de los lugares más explosivos del mundo actual, a pesar de la aparente estabilidad fuera del área vietnamita.

Perteneciendo geográficamente a este continente, pero con sus propias contradicciones, el Oriente Medio está en plena ebullición, sin que se pueda prever hasta dónde llegará esa guerra fría entre Israel, respaldada por los imperialistas, y los países progresistas de la zona. Es otro de los volcanes amenazadores del mundo.

El África ofrece las características de ser un campo casi virgen para la invasión neocolonial. Se han producido cambios que, en alguna medida, obligaron a los poderes neocoloniales a ceder sus antiguas prerrogativas de carácter absoluto. Pero, cuando los procesos se llevan a cabo ininterrumpidamente, al colonialismo sucede, sin violencia, un neocolonialismo de iguales efectos en cuanto a la dominación económica se refiere.

Estados Unidos no tenía colonias en esta región y ahora lucha por penetrar en los antiguos cotos cerrados de sus socios. Se puede asegurar que África constituye, en los planes estratégicos del imperialismo norteamericano su reservorio a largo plazo; sus inversiones actuales sólo tienen importancia en la Unión Sudafricana y comienza su penetración en el Congo, Nigeria y otros países, donde se inicia una violenta competencia (con carácter pacífico hasta ahora) con otros poderes imperialistas.

No tiene todavía grandes intereses que defender salvo su pretendido derecho a intervenir en cada lugar del globo en que sus monopolios olfateen buenas ganancias o la existencia de grandes reservas de materias primas.

Todos estos antecedentes hacen lícito el planteamiento interrogante sobre las posibilidades de liberación de los pueblos a corto o mediano plazo.

[...]

En América Latina se lucha con las armas en la mano en Guatemala, Colombia, Venezuela y Bolivia y despuntan ya los primeros brotes en Brasil. Hay otros focos de resistencia que aparecen y se extinguen. Pero casi todos los países de este continente están maduros para una lucha de tipo tal, que para resultar triunfante, no puede conformarse con menos que la instauración de un gobierno de corte socialista.

En este continente se habla prácticamente una lengua, salvo el caso excepcional del Brasil, con cuyo pueblo los de habla hispana pueden entenderse, dada la similitud de ambos idiomas. Hay una identidad tan grande entre las clases de estos países que logran una identificación de tipo «internacional americano», mucho más completa que en otros continentes. Lengua, costumbres, religión, amo común, los unen. El grado y las formas de explotación son similares en sus efectos para explotadores y explotados de una buena parte de los países de nuestra América. Y la rebelión está madurando aceleradamente en ella.

Podemos preguntarnos: esta rebelión, ¿cómo fructificará?; ¿de qué tipo será? Hemos sostenido desde hace tiempo, que dadas sus características similares, la lucha en América adquirirá, en su momento, dimensiones continentales. Será escenario de muchas grandes batallas dadas por la humanidad para su liberación.

[...]

América, continente olvidado por las últimas luchas políticas de liberación, que empieza a hacerse sentir a través de la Tricontinental en la voz de la vanguardia de sus pueblos, que es la Revolución cubana, tendrá una tarea de mucho mayor relieve: la de la creación del segundo o tercer Vietnam o del segundo y tercer Vietnam del mundo.

En definitiva, hay que tener en cuenta que el imperialismo es un sistema mundial, última etapa del capitalismo, y que hay que batirlo en una gran confrontación mundial. La finalidad estratégica de esa lucha debe ser la destrucción del imperialismo. La participación que nos toca a nosotros, los explotados y atrasados del mundo, es la de eliminar las bases de sustentación del imperialismo: nuestros pueblos oprimidos, de donde extraen capitales, materias primas, técnicos y obreros baratos y a donde exportan nuevos capitales —instrumentos de dominación—, armas y toda clase de artículos, sumiéndonos en una dependencia absoluta.

El elemento fundamental de esa finalidad estratégica será, entonces, la liberación real de los pueblos; liberación que se producirá, a través de lucha armada, en la mayoría de los casos, y que tendrá, en América, casi indefectiblemente, la propiedad de convertirse en una revolución socialista.

Al enfocar la destrucción del imperialismo, hay que identificar a su cabeza, la que no es otra que los Estados Unidos de Norteamérica.

Debemos realizar una tarea de tipo general que tenga como finalidad táctica sacar al enemigo de su ambiente obligándolo a luchar en lugares donde sus hábitos de vida choquen con la realidad imperante. No se debe despreciar al adversario; el soldado norteamericano tiene capacidad técnica y está respaldado por medios de tal magnitud que lo hacen temible. Le falta esencialmente la motivación ideológica, que tienen en grado sumo sus más enconados rivales de hoy: los soldados vietnamitas. Solamente podremos triunfar sobre ese ejército en la medida en que logremos minar su moral. Y ésta se mina infligiéndole derrotas y ocasionándole sufrimientos repetidos.

Pero este pequeño esquema de victorias encierra dentro de sí sacrificios inmensos de los pueblos, sacrificios que debe exigirse desde hoy, a la luz del día, y que quizás sean menos dolorosos que los que debieron soportar si rehuyéramos constantemente el combate, para tratar de que otros sean los que nos saquen las castañas del fuego.

Claro que, el último país en liberarse, muy probablemente lo hará sin lucha armada, y los sufrimientos de una guerra larga y tan cruel como la que hacen los imperialistas, se le ahorrarán a ese pueblo. Pero tal vez sea imposible eludir esa lucha o sus efectos, en una contienda de carácter mundial y se sufra igual o más aún. No podemos predecir el futuro, pero jamás debemos ceder a la tentación claudicante de ser los abanderados de un pueblo que anhela su libertad, pero reniega de la lucha que ésta conlleva y la espera como un mendrugo de victoria.

[...]

Sinteticemos así nuestras aspiraciones de victoria: destrucción del imperialismo mediante la eliminación de su baluarte más fuerte: el dominio imperialista de los Estados Unidos de Norteamérica. Tomar como función táctica la liberación gradual de los pueblos, uno a uno o por grupos, llevando al enemigo a una lucha difícil fuera de su terreno; liquidándole sus bases de sustentación, que son territorios dependientes.

Eso significa una guerra larga. Y, lo repetimos una vez más, una guerra cruel. Que nadie se engañe cuando la vaya a iniciar y que nadie vacile en iniciarla por temor a los resultados que pueda traer para su pueblo. Es casi la única esperanza de victoria.

No podemos eludir el llamado de la hora. Nos lo enseña Vietnam con su permanente lección de heroísmo, su trágica y cotidiana lección de lucha y de muerte para lograr la victoria final.

Allí, los soldados del imperialismo encuentran la incomodidad de quien, acostumbrado al nivel de vida que ostenta la nación norteamericana, tiene que enfrentarse con la tierra hostil; la inseguridad de quien no puede moverse sin sentir que pisa territorio enemigo; la muerte a los que avanzan más allá de sus reductos fortificados, la hostilidad permanente de toda la población. Todo eso va provocando la repercusión interior en los Estados Unidos; va haciendo surgir un factor atenuado por el imperialismo en pleno vigor, la lucha de clases aun dentro de su propio territorio.

¡Cómo podríamos mirar el futuro de luminoso y cercano, si dos, tres, muchos Vietnam florecieran en la superficie del globo, con su cuota de muerte y sus tragedias inmensas, con su heroísmo cotidiano, con sus golpes repetidos al imperialismo, con la obligación que entraña para éste de dispersar sus fuerzas, bajo el embate del odio creciente de los pueblos del mundo!

Y si todos fuéramos capaces de unirnos, para que nuestros golpes fueran más sólidos y certeros, para que la ayuda de todo tipo a los pueblos en lucha fuera aún más efectiva, ¡qué grande sería el futuro, y qué cercano!

Si a nosotros, los que en un pequeño punto del mapa del mundo cumplimos el deber que preconizamos y ponemos a disposición de la lucha este poco que nos es permitido dar: nuestras vidas, nuestro sacrificio, nos toca alguno de estos días lanzar el último suspiro sobre cualquier tierra, ya nuestra, regada con nuestra sangre, sépase que hemos medido el alcance de nuestros actos y que no nos consideramos nada más que elementos en el gran ejército del proletariado, pero nos sentimos orgullosos de haber aprendido de la Revolución cubana y de su gran dirigente máximo la gran lección que emana de su actitud en esta parte del mundo: «qué importan los peligros o sacrificios de un hombre o de un pueblo, cuando está en juego el destino de la humanidad.»

Toda nuestra acción es un grito de guerra contra el imperialismo y un clamor por la unidad de los pueblos contra el gran enemigo del género humano: los Estados Unidos de Norteamérica. En cualquier lugar que nos sorprenda la muerte, bienvenida sea, siempre que ése, nuestro grito de guerra, haya llegado hasta un oído receptivo y otra mano se tienda para empuñar nuestras armas, y otros hombres se apresten a entonar los cantos luctuosos con tableteo de ametralladoras y nuevos gritos de guerra y de victoria.

Comunicado no. 4
al pueblo boliviano

Frente a la mentira reaccionaria, la verdad revolucionaria

En recientes partes, el Ejército ha reconocido algunas de sus bajas, sufridas en choques de avanzadas, adjudicándonos, como es su costumbre, una buena cantidad de muertos que nunca exhibe. Aunque nos faltan informes de algunas patrullas, podemos asegurar que nuestras bajas son muy reducidas y que no sufrimos ninguna en las recientes acciones reconocidas por el Ejército.

Inti Peredo, efectivamente, es miembro de la Jefatura de nuestro Ejército, donde ocupa el cargo de Comisario Político y bajo su mando estuvieron recientes acciones. Goza de buena salud y no ha sido tocado por las balas enemigas; el infundio de su muerte es ejemplo palpable de las mentiras absurdas que riega el Ejército en su impotencia para luchar contra nuestras fuerzas.

En cuanto a los anuncios sobre la presencia de supuestos combatientes de otros países americanos, por razones de secreto militar y de nuestro lema, el de la verdad revolucionaria, no daremos cifras, aclarando solamente que cualquier ciudadano que acepte nuestro programa mínimo, conducente a la liberación de Bolivia, es aceptado en las filas revolucionarias con iguales derechos y deberes que los combatientes bolivianos, los que constituyen, naturalmente, la inmensa mayoría de nuestro movimiento. Todo hombre que luche con las armas en la mano por la libertad de nuestra Patria merece, y recibe, el honroso título de boliviano, independientemente del lugar donde haya nacido. Así interpretamos el auténtico internacionalismo revolucionario.

ELN DE BOLIVIA

Comunicado no. 5
a los mineros de Bolivia

Compañeros:

Una vez más corre la sangre proletaria en nuestras minas. En una explotación varias veces secular, se ha alternado la succión de la sangre esclava del minero con su derramamiento cuando tanta injusticia produce el estallido de protesta; esa repetición cíclica.

En los últimos tiempos se rompió transitoriamente el ritmo y los obreros insurrectos fueron el factor fundamental del triunfo del 9 de abril. Ese acontecimiento trajo la esperanza de que se abría un nuevo horizonte y de que, por fin, los obreros serían dueños de su propio destino, pero la mecánica del mundo imperialista enseñó, a los que quisieron ver, que en materia de revolución social no hay soluciones a medias; o se toma todo el poder o se pierden los avances logrados con tanto sacrificio y tanta sangre.

A las milicias armadas del proletariado minero, único factor de fuerza en la primera hora, se fueron agregando milicias de otros sectores de la clase obrera de desclasados y de campesinos, cuyos integrantes no supieron ver la comunidad esencial de intereses y entraron en conflicto, manejados por la demagogia antipopular y, por fin, reapareció el ejército profesional, con piel de cordero y garras de lobo. Y ese Ejército, pequeño y preterido al principio, se transformó en el brazo armado contra el proletariado y en el cómplice más seguro del imperialismo; por eso, le dieron el visto bueno al golpe de Estado castrense.

Ahora estamos recuperándonos de una derrota provocada por la repetición de errores tácticos de la clase obrera y preparando al país, pacientemente, para una revolución profunda que transforme de raíz el sistema.

No se debe insistir en tácticas falsas; heroicas, sí, pero estériles, que sumen en un baño de sangre al proletariado y ralean sus filas, privándonos de sus más combativos elementos.

En largos meses de lucha, las guerrillas han convulsionado al país, le han producido gran cantidad de bajas al Ejército y lo han desmoralizado, sin sufrir, casi, pérdidas; en una confrontación de pocas horas, ese mismo Ejército queda dueño del campo y se pavonea sobre los cadáveres proletarios. De victoria a derrota va la diferencia entre la táctica justa y la errónea.

Compañero minero: no prestes nuevamente oídos a los falsos apóstoles de la lucha de masas que interpretan ésta como un avance compacto y frontal del pueblo contra las armas opresoras. ¡Aprendamos de la realidad! Contra las ametralladoras no valen los pechos heroicos; contra las modernas armas de demolición, no valen las barricadas, por bien construidas que estén. La lucha de masas de los países subdesarrollados, con gran base campesina y extensos territorios, debe desarrollarla una pequeña vanguardia móvil, la guerrilla, asentada en el seno del pueblo; que irá adquiriendo fuerza a costillas del ejército enemigo y catalizará el fervor revolucionario de las masas hasta crear la situación revolucionaria en la que el poder estatal se derrumbará de un solo golpe, bien asestado y en el momento oportuno.

Entiéndase bien; no llamamos a la inactividad total, sino recomendamos no comprometer fuerzas en acciones que no garanticen el éxito, pero la presión de las masas trabajadoras debe ejercerse continuamente contra el gobierno pues ésta es una lucha de clases, sin frentes limitados. Dondequiera que esté, un proletario, tiene la obligación de luchar en la medida de sus fuerzas contra el enemigo común.

Compañero minero: las guerrillas del ELN te esperan con los brazos abiertos y te invitan, a unirte a los trabajadores del subsuelo que están luchando a nuestro lado. Aquí reconstruiremos la alianza obrero campesina que fue rota por la demagogia antipopular, aquí convertiremos la derrota en triunfo y el llanto de las viudas proletarias en un himno de victoria. Te esperamos.

ELN

quinta parte: *de los sueños*

Por su carga emotiva y llena de significados, esta última parte se concluye con un poema que le dedicara a su esposa Aleida, el día de su partida hacia Bolivia. Publicado por primera vez en el libro Evocación, *en el 2007.*

Poesía de despedida

Mi única en el mundo:

A hurtadillas extraje de la alacena de Hickmet este solo verso enamorado, para dejarte la exacta dimensión de mi cariño.

No obstante,
en el laberinto más hondo del caracol taciturno
se unen e repelen los polos de mi espíritu:
tú y TODOS.

Los Todos me exigen la entrega total,
¡que mi sola sombra oscurezca el camino!
Mas, sin burlar las normas del amor sublimado
le guardo escondida en mi alforja de viaje.

(Te llevo en mi alforja de viajero insaciable.
como al pan nuestro de todos los días.)

Salgo a edificar las primaveras de sangre y argamasa
y dejo, en el hueco de mi ausencia,
este beso sin domicilio conocido.
Pero no me anunciaron la plaza reservada
en el desfile triunfal de la victoria
y el sendero que conduce a mi camino
está nimbado de sombras agoreras.

Si me destinan al oscuro sitial de los cimientos,
guárdalo en el archivo nebuloso del recuerdo;
úsalo en noches de lágrimas y sueños…

Adiós, mi única,
no tiembles ante el hambre de los lobos
ni en el frío estepario de la ausencia;
del lado del corazón te llevo
y juntos seguiremos hasta que la ruta se esfume…